老子 無的哲學

許占鰲／著

老子序

「無的哲學」是個人研讀王弼本《老子》的筆記整理所成。研讀《老子》原本是作爲老來的另一消遣。孰料，最後卻變成了一項大工程。《老子》中的用字淺顯易懂，以爲可以早早讀畢。但是《老子》中很多的詞義，例如：無爲，不仁等，卻令人似懂而實不懂，不能以最簡明的意義來解讀。不得已，停下研讀，思考《老子》這些用詞的意義。以爲可通，則繼續；覺得不妥，則暫停。如此，停停續續，不知幾十回，外加其他旁務的耽擱，當筆記可以定稿時，業已經過十多年了。

研讀《老子》的時間一久，翻閱《老子》時，竟然有彷彿與老朋友對話的感覺，可以直接理解他的話語，自在的放縱自己的思考，不再爲其他解說束縛。因此，在這段時間，不時會冒出不同的看法，自以爲對老子的思想又有進一層的認識，感覺就是在享受讀書的樂趣了。而解說《老子》的方法，也得到任自然了。

閱讀《老子》不能不依賴註譯，此一部分前人已經做得非常完備了，所以本筆記的註譯只是蕭規曹隨沒有什麼發明，頂多做些補充而已。

「提示」部分是個人用心的部分。針對《老子》書中章句的需要，以及老子「無的思想」的解析，運用了文字學的基礎，文法的結構，修辭學的原理，文律的原則，以及文章組織的貫性等方法，盡可能使讀者減少疑問，瞭解文義，進而認識老子的思想。

《老子》一書，約發生於春秋後期。當時一般思想家，殆多從「人」來觀察思考，希望從中找到一些條理，可供人們遵行，藉以維繫社會之安定與和平。由於「人」的不穩定性，所以相繼的有許多以爲可以救世的思想產生。就老子的觀點：在相同的一個範疇中，一再的有不同的思想出現，意謂這些思想效果不彰，是不足以爲「常道」的。於是，老子跳脫這個「人」的框架，直接宏觀宇宙，從宇宙的演化過程中，理出了一套不變原理原則，這套原理原則既然可以行之於宇宙，人是道無之產物，這套原理原則，無疑也是人世運作不變的「常道」了。

四十章曰：「反者道之動，弱者道之用。天下萬物生於有，有生於無。」人在道無的循環與緩慢的作用中，經歷了生壯老死之生命過程，最後復歸於初始之命根（道無），這是人生不變而且無法逃避的原理。五十一章曰：「道生之，德畜之。」人之本身，殆自演化以來，便已具備一切爲人之天賦、特質與知能。於是人順此道無所「畜」之德，便能自行「長之，育之，亭之，毒之，養之，覆之」等之發展。在生命的歷程中，體現「道法—自然」之玄德。遠古的人類，尊道而貴德，便是因爲道無的原理原則，令他們在群體生存的社會中，可以保有生命之自然。

其後，人類之發展，逐漸背離大道，偏離了自然之原則。人或「正復爲奇，善復爲妖。」（五十八章），於是「失道而後德，失德而後仁，失仁而後義，失義而後禮。」倡言力行的德目，亦由內在的自然應對，每況愈下，漸趨外在的形式制約。人之言行作爲，亦無從憭解其眞心（自然）與否了。「知常曰明，不知常，妄作凶」（十六章）「人之迷，其日固久。」（五十八章）老子以爲要平息人世久來的迷惑，只有採取和緩的方式—「弱之用」（四十章），讓人們逐步重返道無之自然。而返道之自然，則有待善於道之君王（聖人）之引領。蓋君王爲一國之首，「百姓皆注其耳目。」（四十九章），君王以身作則，百姓反道亦近了。《老子》一書正是爲了指導君王推行「無」的原則的一本書，讓君王知道「輔萬物之自然而不敢爲」（六十四章）之意義，使之成爲善爲道者，且常知遵行「不以智治國」這種任自然之德。當任自然之德，成效既深且遠之後，并同萬物重返道無了，然後就能達到天下大順之地步。於是形而上之原則，可以眞正落實到形而下之人世。而「人」得之於「無」之自然，又再度回復到「無」之自然。如此，哲學和人生終於合爲一體了。

老子的思想，受到歷代帝王個人意志的掌控，一直未能形成政治體制，普行於天下，殊實可惜。如今，我們的社會正面臨嚴重的人文疲弱，環境汙染，貧富懸殊等失衡現象。這些現象，無非起因於貪欲，而競爭，而獨佔，而不均。老子「無」的哲學或許是我們改善的希望。

老子的方法就是「任自然」。任自然就是爲自己而活，我們應該思考並推論自己該過怎樣的生活，讓自己活得很好。方法很簡單：我們每天日出而作，日入而息。閒暇的時候可以從事個人喜歡的事情，幫助自己健康，成長，如此而已。這樣的生活，很多人早就在實行了。所以，他們不被流行驅趕，不浪費生命能量於無意義的事。這樣的人生，和平而穩定，可以緩和對立，能尊重包容異己，友善對待環境衆生。成就做爲一個人應該有的特質，而與天地共自然。

現代社會知識普及，老子思想很受知識份子的喜愛。希望愛好《老子》之學者，在讚嘆老子之智慧時，是不是也能夠給自己的生活注入一些智慧？

老子隱者

老子的學說，給後世帶來深遠的影響。人們對於老子的身世行跡，卻一無所知。二千年前留下來的古籍文獻，關於老子之文字敍述，諸說紛陳，莫衷一是。或謂老子出於周，或謂出於西秦，或謂出於南楚，或謂出於東方之齊。而其年世均不可考，姑依衆說，自舜至孔子，其壽殆近二千歲，其不可據如此。

今人錢賓四先生，將諸多傳說人物，分別條理，歸結三人。其一爲孔子所見，乃南方芸草之老人。其二爲出關遊秦者，乃周使官儋。其三爲著書談道，列名百家者，乃楚人詹何。雖然，錢先生猶以爲：夫語及於史儋關尹、詹何、便蜎之事，固己自古多妄，荒渺難稽矣，又何從而必爲之明據確說哉？孔子之見老聃，雖有其人，而其事則未必如後世之所傳也。

楊家駱先生在其《老子新考述略》附有一篇《老子新傳》。該傳以老聃之名寫成。蓋楊氏以老聃與老子爲同一人。此說頗爲牽強。

楊先生謂：老聃退休居沛，孔子兩度往見問禮，皆得老聃相授。《禮記曾子問》載有孔子從老聃助葬。值日食，聃止柩止哭。返葬，孔子問其故，聃告之。聃時已六十一矣，猶不忘禮教之傳承。楊氏謂聃五十五歲自周免歸居沛，思想轉變，始倡非禮之說。觀老聃對禮之執著，楊氏所說，殆與事實相去甚遠。

《莊子養生篇》謂，老聃死，秦失弔之，三號而出。弟子曰：「非夫子之友邪？」曰：「然。」「然則弔焉若此可乎？」秦失曰：「然。始也，吾以爲至人也，而今非也。向吾入而弔焉，有老者哭之，如哭其子；少者哭之，如哭其母。彼其所以會之，必有不蘄言而言，不蘄哭而哭者。是遁天倍情，忘其所受，古者謂之遁天之刑。適來，夫子時也；適去，夫子順也。安時而處順，哀樂不能入也，古者謂是帝之懸解。」

人之死生，如同瓜熟蒂落般之自然過程，老聃未能讓人理解此番道理，以致聃之死，竟然令人如哭子母之痛。此固老聃平日與人相接，搏感情勝過以道化民，秦失乃有謂聃非至人之語。老聃和老子當然不會是同一個人。

一九九三年，「郭店楚簡《老子》」出土。根據研究團隊研究，推斷該墓的年代爲戰國中期偏晚。相對年代，距出土年代約爲二千三百年。該墓由一椁一棺之葬制，以及隨葬物品，推知墓主可能爲在官家服務之知識分子。其所擁有之楚簡《老子》，錯別字特別多，並且也有多處缺文現象。可見這是一本經過好多番的「聽抄本」（非正本）。想見當時老子思想普遍受到知識分子歡迎的程度。

郭店楚簡墓主卒於西元前三零七年，鄒人孟軻卒於西元前三零五年。孟子既然與墓主是同一個時代的人。孟子對於老子的學說不可能無所知吧？孟氏在當世言遍天下，卻對老子學說未置一字可否，難道不是很奇怪的事嗎？老子的身世竟然少了這個可靠的線索。

老子的身世大概不可考了，這是後來者應該意料到的事。《老子》一書倡導的是自然無的哲學。「無」是什麼？「無」就像宇宙無聲無臭無息的運行，吾人身歷其過程，卻不能立即覺知其中之變化，這種感覺就是「無」。善者人如其文，就《老子》內容而言，老子殆也是個低調行事的人。在衆人眼中，他是個平凡的人，人知有之而已，但不足以令人思欲探知他的身世背景。五十六章曰：「故不可得而親，不可得而疏，不可得而利，不可得而害，不可得而貴，不可得而賤，故爲天下貴。」老子就是這樣的人吧！

孔子說：「道不行，乘桴浮于海。」老子做到了，他在茫茫的人海中消逝了。

無的哲學

老子的哲學，簡而言之，即「無」的哲學。此一「無」的觀念，是老子經由觀照宇宙現象所得，轉換連接，運用到天地萬物人事上的原理原則。「無」是宇宙的本體，它是天地萬物構成的元素。沒有它，天地萬物無由生。它也是宇宙萬物依循的運作原則，違反這個原則，萬物便會自我敗亡。《老子》一書，便是在闡述「無」的普遍性。老子認為，只要一個「無」便可以統合宇宙萬物人事所有的現象。這也是老子一元思想之所本。君王理解「無」的無限可能性，又知道如何變化運用這個一元之「無」，便可以取得天下了。

一、「無」的意義

（一）「無」即玄

「無」一般義訓爲空虛。《老子》書中之「無」非空無一物之謂。一章曰：「此兩者（無與有），同出而異名，同謂之玄，玄之又玄，衆妙之門。」玄者，蓋無從知曉明白，讓人看不出來之謂。這就是「無」了。「視之不見，名曰夷；聽之不聞，名曰希；搏之不得，名曰微。此三者，不可致詰，故混而爲一。其上不皦，其下不昧，繩繩不可名，復歸於無物。是謂無狀之狀，無物之象。是謂惚恍。」（十四章）文中明白的說明了「無」所以謂之玄，因爲「無」是「無狀之狀，無物之象。」謂其爲「惚恍。」可知「無」是虛而實之物，只是吾人感官無法捉摸認知而已。

（二）「無」卽道

在《老子》書中，說到宇宙的原理，時或言「道」，時或言「無」，可見道卽無，無卽道。一章曰：「無，名天地之始；有，名萬物之母。」二十五章曰：「有物混成，先天地生，可以爲天下母。吾不知其名，強字之曰道。」「天地之始」之於「先天地生」。「萬物之母」之於「爲天下母」，義無差別。就宇宙生成言，無與道並爲宇宙之始，無卽道可知矣。四十章曰：「天下萬物生於有，有生於無。」四十二章曰：「道生一，一生二，二生三，三生萬物。」就宇宙演化次第言，道與無其排序皆在首位，宇宙只有一個，則道與無當是一物之異名。

「無」之本義既為玄，用以說明有關宇宙原理原則，就吾人用字之習慣，期待人們理解「無」是不容易的。於是，凡屬概念之名者，老子皆以道稱之。如二十一章曰：「孔德之容，惟道是從。道之為物，惟恍惟惚。惚兮恍兮，其中有象，恍兮惚兮，其中有物。窈兮冥兮，其中有精，其精甚眞，其中有信。自古及今，其名不去。」按其內容，明明是在說明「無」這個宇宙實體，由於要作為一章文義概念之題頭，以「道」為名，較之稱「無」，令人容易明白的多。

二、「無」的功能

道無之為物，惟恍惟惚。宇宙在這種狀況之下，演化開展，天地萬物次第生成。此一演化歷程，無從探究明白，所以《老子》中，有關宇宙論部分，章節既少，言也簡約。大部分之章節則用在闡述「無」這個原理原則，以及如何套用在人事萬物上。蓋「無」之若有似無，不易引發吾人之警覺。諸如宇宙之循環，時間之過往，其間之變化微弱，吾人都是後知後覺。即便如此，一般人也不以這種改變為意，視之為自然現象，依舊作息如故。而有識者，則或能順勢作為，有所建樹，人亦不以為怪。「無」之用，確有和平推進之好處。老子以為以「無」運用於國政人事上，必定有化解對立，減少阻力之效用，而無事不可為了。

於是，「聖人挫其銳，解其紛，和其光，同其塵，是謂玄同。……故為天下貴。」（五十六章），而「後其身而身先，外其身而身存。」（七章）因此，「聖人處上而民不重，處前而民不害，以其不爭，故天下莫能與之爭。」（六十六章）且「聖人無為，故無敗；無執，故無失。」（二十九章）所以「樸散則為器，聖人用之，則為官長。故大制而不割。」（二十八章）「為無為，則無不治。」（三章）成就類似「太上，下知有之。」（十七章）之和平世代。（以上為老子預為推論其思想實行之結果）

三、「無」之運作釋例

無之本義是「玄」，研習《老子》要避開無之一般義訓，而從「玄」字來思考，如此才有可能瞭解老子「無」的運作方式。否則，如「爲無爲，事無事，味無味」之類的句子，肯定永遠是「無」不出來的。其他沒有「無」字之章節，亦無從領會文義，與「無」之用有什麼關係了。基於國政之推動，與百姓相接，待人處事，以及個人涵養之養成，「無」的運作，也可以有不同的表現方式，茲舉例說明如后：

（一）無—《說文亾部》曰：「無，亾也。」「亾，匿也。」引申之，凡我看他人，或他人看我時，「無」有看不出來之義。

三章曰：「不尚賢，使民不爭；不貴難得之貨，使民不爲盜；不見可欲，使民心不亂。是以聖人之治，虛其心，實其腹，弱其志，強其骨；常使民無知無欲，使夫智者不敢爲也。爲無爲，則無不治。」此爲君王不作爲之爲，影響所及，連百姓也讓人看不出來，其知其欲了。

六十三章曰：「爲無爲，事無事，味無味。圖難於其易，爲大於其細。」六十四章曰：「爲之於未有，治之於未亂。」此爲君王作爲之爲，百姓或看不出來君王之所爲，或以其事細小而易之。爲欲無爲，君王自身尚須有無以爲之襟懷，功成身退，方是眞正「爲無爲」。

至如「載營魄抱一，能無離乎？滌除玄覽，能無疵乎？明白四達，能無知？」（十章）屬內省功夫，其事在己，自我檢視，便能明白。因此，此三「無」字，既非我之視人，亦非人之視己，故不得作「看不出」解。當以通俗用法「沒有」爲義。

（二）一——「一」卽均衡。均衡系介於兩個極端之間的狀態。均衡可以化解掉差異化，是「無」之另類運作方式。

個體均衡言：全身維持均衡狀態。動作時，可以協調流暢，不易遭致傷害，讓體能發揮最好的功效。因此，均衡是個體最佳的狀況，是生存之要件。所以「天得一以清，地得一以寧，神得一以靈，谷得一以盈，萬物得一以生，侯王得一以爲天下貞。」（三十九章）執政方面言：均衡才能達到行事思維公平周全。所以十章提醒領導者：「載營魄抱一，能無離乎？」執政一旦失去均衡，便會傾向某一端去，與另一端立顯對比競爭現象，而失去安定。「天之道，損有餘而補不足。」（七十七章）謂均衡亦天之道。爲政者，事事均衡，不與人爭，使自己與衆人平等一致，天下便莫能與之爭了。是以聖人之治，抱一以爲天下式。

在《老子》書中，或爲了寫作之便，某些章節只言均衡之理，而不直言「一」字之情形者，如「至譽無譽，不欲琭琭如玉，珞珞如石。」（三十九章）蓋玉與石為貴與賤對立之兩極端，不如守中之無譽。均衡可以避免比較，而保和平。

（三）不——「不」有不顯現之義。「不」也是「無」的另一種運作方式。「不」字在《老子》書中，取義與「無」字相近，而施用有別。「不」是內而不外顯，「無」是顯而不明。

就個體本身而言：七十一章曰：「知，不知，上。」「知」是個人自我的一種能力，獲益在己；若刻意顯現張揚一己之知，就「有無相生」對立之理，易將不知之一方比下來而遭厭憎。是以老子主張，將一切知識、道德、技能、個人特質等，昇華為內在涵養，既有卻若無，個人依舊是那個來自自然，而與人們無別，易為大眾接受之凡人。（王邦雄先生認為這是知識層次的昇華。）就領導層而言：五章曰：「天地不仁，以萬物為芻狗；聖人不仁，以百姓為芻狗。」天地聖人非不關愛萬物百姓，實以天地聖人行不言之教，不親之之故。三十二章曰：「天地相合，以降甘露；民莫之令而自均。」十七章曰：「悠兮其貴言，功成事遂，百姓皆謂我自然。」天地聖人以任自然而不親暱之故，天地聖人為萬物百姓之所作為，百姓皆以為我自然。「不仁」之「不」字，若從

「沒有」之義方向思考，則是反老子思想。而與老子之自言「慈」，與道便無由連接了。

「不」字用作「不顯現」義，是有限制的。卽「不」字上必須要有其相對應之肯定詞。如「知，不知。」「不知」之上，必須要有「知」字可承。這亦是一種「均衡」之效果。

從「無」的運作釋例可知，「無」是行事原則；「一」是立身原則；「不」是處世原則。其中，「一」之運用是實現道無思想的關鍵。蓋不均衡則「身立」不能穩，「身立」不能穩，則一切思慮云爲之間便會有所偏失，而「無」與「不」之原則也無從附麗矣。「均衡」是宇宙萬物之常態，偏離「一」之均衡，人世對立之現象立卽發生，這是天下不安、動亂之源，不可不愼。

四、防守型的思想

無的運作原則可以說是老子的方法論。聖人用它來推行一元思想，以對治「人」的不穩定性，以實現其救世的主張。吾人要瞭解，《老子》是本帝王守則，書中所有的論述多數是在告誡君王必須如何、或不可如何。「無」的運作在在限縮了君王的權限，而百姓則任自然。君王的職責固在照顧百姓「實其腹，強其骨」之營衛無憂而已。君王也藉由「無」的運作原則，「虛其心，弱其智」以引領百姓，令其行動作爲有所節制。可以說，老子的思想是一種防守型的思想。因此，君王雖貴爲「天下貞」，也不會成爲獨裁者；而百姓有了多元發展的機會，也不會有競爭、獨霸的現象發生。因此，在這種制度之下，人類社會必將順著自然原則，緩慢而穩健的發展下去。

第一章

道可道，非常道（一）；名可名，非常名（二）。無，名天地之始（三）；有，名萬物之母（四）。故常無，欲以觀其妙（五）；常有，欲以觀其徼（六）。此兩者（七），同出而異名，同謂之玄（八）。玄之又玄，眾妙之門（九）。

一【註釋】

（一）道可道，非常道：第一、第三個道字是名詞，爲老子虛構的抽象的宇宙實體之名。第二個道是動詞，言說之義。常：恆常、不變。

（二）名可名，非常名：第一、第三個名，字是名詞，名：名稱，名字。第二個名字爲動詞，命名，稱呼之義。

（三）名天地之始：名，稱呼。始：本始。最初的源頭。

（四）母：根源、所從出之處。

（五）常無，欲以觀其妙：此句之直述形式爲「欲以常無觀其妙」。（下句常有同）欲：要。以：用、藉。常無：謂不變之無之特質。觀：觀照、冥想。其：指道。妙：幽微深奧。

（六）常有，欲以觀其徼：常有：不變之有之特質。其：指道。徼：分派流遠（見提示）

（七）兩者：謂「無」與「有」。

（八）玄之又玄：玄《說文玄部》曰「玄，幽遠也。」引申凡幽昧不可知。之：猶而。

（九）衆妙之門：謂無。天地萬物之發生，無一不妙，故云衆妙。衆妙接從道無而生，因謂無是衆妙之門。

二【譯文】

道可以用言語說的，便不是恆久不變的道；名可以稱呼出來的，便不是恆常不變的名。

「無」稱呼爲天地的本始，「有」稱呼爲萬物發生的根源。所以要藉由常無的特質來觀照道的幽微奧妙；藉由常有的特質來關照道的分派流遠。這「無」和「有」兩者同是一個來源。卻是不同的稱名，都說它們爲幽微，幽微而且更幽微，便是所有奧妙的門戶了。

三【提示】

（一）首章是老子述其本體論之概要。先言立名之不得已。道，無，有之名。殆爲方便講述權宜之便。其次謂宇宙發展之次第，並以爲吾人能夠觀照其體。再其次謂「無」「有」皆玄妙不可知，而無乃衆妙之門戶。

（二）「無，名天下之始；有，名萬物之母。故常無，欲以觀其妙；常有，欲以觀其徼。」這是一句因果關係之複句。有了天下，萬物作爲憑藉，觀照便不會流於空想。於是從不變之無的特徵，便可以用來觀照道之奧妙，從不變之有的特徵，便可以用來觀照道之分派流行。不變謂其不受時空之影響，無與有謂其原始之特質。它們是抽象之道的眞實體，是道體的本質，不是人眼能夠看得出來的，所以同謂之玄，吾人僅能憑藉觀照才能得之。

（三）徼《說文彳部》曰：「徼，循也，從彳敫聲。」《說文彳部》曰：「循，行也。從彳盾聲。」考徼之有行義，由於徼從敫得聲，聲兼義之故。《說文放部》曰：「敫，光景流皃，從白放。」光景流行，引申有流行、流動之義。有爲萬物之母，萬物得常有之靈動，演化分支，生生不息，有如光景之流行，水流之分派，故云徼也。

（四）「道有」爲萬物之母，萬物當然得「道有」之一體。萬物不斷的演化流行。其過程雖然複雜而多變，但是賦予其中的「道有」永遠不受絲毫改變。二十章曰：「孔德之容，惟道是從。」五十二章曰：「天下有始，以爲天下母。既得其母，以知其子。」是以藉由「常有」當然可以觀照道的分派流行變化了。

（五）道以「無」爲其本質，所以道是無，無也是道。所以三十二章曰：「道常無。」有雖也爲道體之一特質，也不可見，但「有」生於「無」中，不能單一存在於外。四十章曰：「天下萬物生於有，有生於無」。「無」才是眾妙之門。老子宇宙論之系統，由本章約可以得到一個粗略的概念了。

第二章

天下皆知美之為美，斯惡已（一）；皆知善之為善，斯不善已（二）。故有無相生（三），難易相成（四），長短相形（五），高下相傾（六），音聲相和（七），前後相隨（八）。是以聖人（九）處無為之事（十），行不言之教（十一）。萬物作焉而不辭（十二），生而不有（十三），為而不恃（十四），功成而弗居（十五）。夫唯（十六）弗居，是以不去（十七）。

一【註釋】

（一）斯惡已：斯：便，就。惡：醜，不美。已：矣。爲完成式語尾。斯惡已：便（就）已知道醜了。

（二）斯不善已：便已知道不善了。

（三）有無相生：有無對應才會產生。

（四）難易相成：成，造成。難易對應才會造成。

（五）長短相形：形，顯現。長短對應才會顯現。

（六）高下相傾：傾，斜。高下對應才見傾斜。

（七）音聲相和：和，混合。音聲對應才會混合。

（八）前後相隨：隨，從隨。前後對應才有從隨。

（九）聖人：爲老子所設定之理想人物，其人既爲統治者，且是「道」之實踐推行者。

（十）處無爲之事：處：處理。無爲：看不出作爲，或爲若無爲。謂其行事低調。

（十一）不言之教：教，教化。不言之教，謂身教。

（十二）萬物作焉而不辭：作：造生。焉：衍文當刪。辭：說。引申作干預。

（十三）生而不有：生：使之生存。有：保有。令其存活下來，卻不保有他們。

（十四）爲而不恃：爲：作爲。恃：倚仗。有了做爲，卻不以之爲依賴。
（十五）居：佔。
（十六）唯：猶惟，因爲。
（十七）不去：去：失去。不去：不失去君王之位。

二【譯文】

天下人都知道美是美這回事，便已經知道醜了；都知道善是善這回事，便已知道不善了。（以此推之）有和無對應才會發生，難和易對應才會造成，長和短對應才會顯現出來，高和下對應，才會看出傾斜，音聲對應才會有混合現象，前和後對應才有從隨現象。

因此，聖人處理的是無爲的事，推行的是不言的教化。萬物造生，卻不干預它們；令其存活下來，卻不保有它們；有了作爲，卻不覺得有什麼了不起；功業完成，卻不佔功勞。因爲不居功，所以才能久任期位。

三【提示】

（一）任何事，有比較，就有競爭，有競爭，社會便不安定。聖人瞭解這個道理，所以，凡事避免與百姓對立，於是能夠功成而久居其位不去。

（二）「音聲相和」，老子是就兩音聲同時存在，不論其和諧與否，都會使相對的一方造成干擾，以致雙方音聲變得不明顯了。音樂上，和諧音是很悅耳的。但是老子此處的論點不同，他認爲一旦音聲被「和」掉了，就是一種損失。所以，相和是因爲彼此對應所造成。如果是同一音階的音聲，便不會發生這種現象了。

（三）本章之「有無相生」，和首章之「常無」、「常有」不能混爲一談。首章之「常無」、「常有」是絕對的無，絕對的有。它們是本體演化次第之異名。二章所謂之無與有，是世間之一種相對應的現象。例如：甲乙兩人同處，當甲得到一物，而乙未得之，有與無立刻在甲乙雙方對照出來。此之謂「有無相生」，也就是說有與無之現象，是在同一時間發生的。故不可以拿「有無相生」來論述道體。

（四）從本章之論述，可以見得老子是個一元思想者，他不喜歡有比較對立的現象。在政治上，他要求君王必須以身作則，是個絕對自我實踐一元理念的人。然後影響百姓，乃至整個大順於他所謂的道。他的做法是：「處無爲之事，行不言之教。萬物作（焉）而不辭，生而不有，爲而不恃，功成而弗居。」這樣的做法，既不造成對立，又放任百姓有極大的自由。以如此之一元思想治國，必須要有很高的智慧。所以老子在本書中，一再的提及「聖人」，「聖人」就是這個道理。

（五）「作焉而不辭。」碑文本《老子》作「作而不爲始。」按一章曰：「無，名天地之始。有，名萬物之母。」爲始，爲母，乃「道無」之工作，聖人卽便謙抑，也無理由云「不爲始」。於是知，碑文「始」字當是「辭」字之假借。辭始韻部同屬噫攝，故可通叚。畢沅知之矣，故謂辭始聲通。就句型結構言，「萬物作（焉）而不辭，生而不有，爲而不恃。」此一連三句構成之排比句，旨在承接上文「聖人處無爲之事，行不言之教」之義。故知不辭之「辭」字，當以「言教」爲訓，引申作干預之義。而從排比句上下文句整齊之文律，與碑文《老子》「作」下無「焉」字斷之，知「焉」字當是衍文。

第三章

不尚(一)賢，使民不爭(二)；不貴(三)難得之貨，使民不為盜；不見(四)可欲(五)使民心不亂。

是以聖人之治，虛其心(六)，實其腹，弱其志，強其骨。常使民無知無欲(七)，使夫智者(八)。不敢為(九)也。為無為(十)，則無不治。

【註釋】

(一)尚：崇尚，重視之謂。

(二)爭：競爭。

(三)貴：珍貴，寶貴。

（四）見：卽現。顯現，出示予人見。

（五）可欲：令人動心或貪欲之物。

（六）虛其心：虛靜人民之內心。

（七）無知無欲：看不出有知見，看不出欲求。（或若無知，若無欲。）

（八）智者：謂世俗之小聰明者。

（九）不敢爲：不敢作爲，不敢造生事端。

（十）爲無爲：有作爲，若無作爲（看不出作爲。）

二【譯文】

不崇尚賢名，使人民不至於競爭；不珍貴難得的財貨，使人民不至於淪爲盜徒；不顯現引人貪欲之物，使人民心思不至於紛亂。

因此，聖人治國，在虛靜人民的內心，飽足人民的口腹，減弱人民的心志，強壯人民的筋骨。常使得人民讓人看不出有知見，看不出有欲求，使得那些所謂聰明的人不敢有所作爲了。

有作爲，讓人看不出作爲（若無作爲），如此，天下國家沒有治理不好的。

三【提示】

（一）本章承二章之旨意，再從人性之缺失，強調貫徹一元思想是無爲而治成功之要件。

（二）領導者本身不尚賢名，則賢與不賢之別便不存在了。感覺上人的價值一律平等了，所以競爭的氣氛自然形成不起來。「不貴難得之貨，不見可欲。」一則貨物的價值失去比較的基準，無形中抑止了炫富炫寶之心態，百姓便無從跟隨仿效了。於是，財力不足者，不會爲了取得財貨而淪爲盜徒：一般人也不會因爲可欲之物，引發欲得之念，而心思混亂，影響了正常的生活。

（三）老子把聖人之治歸納爲「虛其心，實其腹，弱其志，強其骨。」其中「弱其志」「虛其心」，端賴君王「不尚賢」，「不貴難得之貨」，「不見可欲」。」如提示（二）所述，殆可達成。「實其腹」，「強其骨」爲實作之部分。基本上，百姓勤耕力作，不避勞動，便有成果。若政府能輕食稅，去有爲，始能確保養衛無虞。當此目標實現，人們社會地位平等，生活更有尊嚴，有自信，便無需再與人競爭，期能顯露一己之知見，以求見重於世。而身體健康，衣食無虞，滿足於自我生活之水平，則不再有其他的欲求了。此時，世俗所謂之聰明人，思欲鼓動民心，製造對立，也無從使力了。此卽常使民無知無欲，使乎智者不敢爲的緣故了。

（四）「無知」並非人人都成了愚笨者之義。老子並未反對人們求知之興趣，但以世人常有一知半解之知，則喜譁衆取寵。是以老子期盼人們不要輕易表現其知，以示賢於常人罷了。所以五十六章曰：「知者不言，言者不知。」七十一章又曰：「知，不知，上；不知，知，病。」足見老子並未反對「知」者。考老子書中「無」字之詞義，時或引申宇宙本體玄妙模糊之義以喻事，故不能一成不變，以有無之義論之。若「爲無爲」，既曰「爲」何以又曰「無爲」？故知此「無」字當非「有無」之「無」矣。「有」則可見，則此「無」之義當是介乎有無之模糊間，雖有若無，無非眞無。則「無」便有旁人看不出，視不明之義。而「爲無爲」之義，異言之：便是「作爲，卻看不出作爲」了。聖人行無爲之治，「不尙賢」，於是有「知」之士，遂無意於見其「知」矣。旁人看不出其「知」之有無，故曰「無知」。「不貴難得之貨，不見可欲。」於是百姓可以自在的，專注的享受自我的生活樂趣，旁人看不出其所「欲」爲何？故曰「無欲」。是爲「無知」、「無欲」之本義。

（五）人類雖自詡爲理性的動物，但人性卻有嚴重的弱點，喜歡跟隨別人的行動而行動，亦可謂是盲從的動物。尤其當心理上有著某一種期待時，更會一窩蜂的追捧，樂此不疲。老子有鑑於此，乃提出一元的政治哲學觀。藉由領導者，自我先行破除人我，物物間的價值差異性，直接化解人們在社會上有共同的聚焦點。於是，藉由觀念上的平等，用以轉移現實生活中，大家注意實質上的不平等現象。於是，人的價值平等了，物的價值也平等了。人民也常無知無欲了。本章可以說是老子實現「爲無爲」過程情形。

第四章

道，沖（一）而（二）用之（三），或（四）不盈；淵（五）兮似萬物之宗（六）；〔挫其銳，解其紛，和其光，同其塵。〕（七）湛（八）兮似或存。

吾不知誰之子（九）象（十）帝之先（十一）。

【註釋】

（一）沖：盅之假借。盅，《說文皿部》曰：「盅，器虛也。從皿中聲。」引申作虛。

（二）而：猶然。狀事之詞。

（三）用之：用，運作，作用。之：猶焉，語詞。

（四）或：也許，說不定。

（五）淵：《說文水部》曰：「淵，回水也。」凡河流迴曲處，易成深坑，故淵引申有深義。

（六）宗：《說文宀部》曰：「宗，尊祖廟也。」引申作始祖，本源。

（七）〔挫其銳，解其紛，和其光，同其塵〕：以上四句為五十六章文，誤植於此。

（八）湛：《說文水部》曰：「湛，沒也。」隱沒無形。

（九）誰之子：猶言從何而生。

（十）象：同像，似。

（十一）帝之先：謂在天帝之前。

二【譯文】

道這個東西，虛無般的運作，或許是個不滿盈的；深邃般，像是萬物的始祖；潛隱般，又像或許是真實存在的。

我不知道它是從哪裡生出的，好像是早在天帝之前了。

三【提示】

（一）此章旨在形容道體的特徵，由於道不可道，老子只好藉由觀照中所見之妙，略述其模糊之形容而已。

（二）「道，沖而用之，或不盈。」有些版本斷句作「道沖，而用之或不盈。」此在於強調「用」之結果，於是遂將「不盈」改作「不盡」，以求上下文義能夠貫通。此蓋未察本章之意專在形容道體特徵所致。按「沖而用之」四字必須連讀，以「沖而」作爲「用」之狀詞，以爲道動態之形容，如此，方能與下句道體靜態之形容—「淵兮，似萬物之宗；湛兮，似或存。」文理一致。由於「沖而用之」，人見其「沖而」，遂以爲「或不盈」也。

（三）按本章文句全以判斷句組成。前三句述及之沖、淵、湛三種狀態，都是道之虛無特徵。虛無既已模糊不清，老子更以「似」字與「或」字，有單用，有連用，藉以表明自己所見之道也不是很確定。惟老子之用心，大概是不希望讀者腦海中，把道固定在某一偏狹的概念，於是故意模糊焦點，免得障礙讀者對道之體認。雖然文中稱道爲空無，其中卻含有無限的可能性。因此，它可以形成宇宙，可以化生爲萬物。這也是本章之要點。

（四）「吾不知誰之子，象帝之先。」意在說明道的源起，多少有意指明道乃一切之原創者。此與首章「玄之又玄，衆妙之門。」之旨意相通，可以相互發明。

第五章

天地不仁（一），以萬物為芻狗（二）；聖人不仁，以百姓為芻狗。

天地之間，其猶橐籥（三）乎？虛而不屈（四），動（五）而愈出（六）。多言（七）數窮（八），不如守中（九）。

一【註釋】

（一）不仁：《說文人部》曰：「仁，親也。」（見部）曰：「親，至也。」不仁卽關係不很親密—不顯其親密。此卽無之運用。

（二）芻狗：謂草芻畜狗。芻狗生命強韌，爲普遍常見之生物，其自營生養不假他力，故老子以之爲喻。

（三）槖籥：槖：風箱。籥：短笛。

（四）屈：窮竭。

（五）動：《說文力部》曰：「動，作也。」作卽起也，有運作之義。

（六）出：《說文出部》曰：「出，進也。象屮木益茲上出達也。」段注曰：「本謂草木，引申爲凡生長之偁。」

（七）多言：過多之聲教政令。

（八）數窮：數，速之假借。快速之意。窮，極也。謂到達頂端，盡頭，行不通之謂。

（九）中：盅之假借。虛靜之意。

二【譯文】

天地不顯親密，視萬物如生滅自然的草芻畜狗；聖人不顯親密，視百姓如生滅自然的草芻畜狗。

天地之間，好比中空的風箱笛子吧！它空虛卻不窮竭，運作起來，萬物愈是生長。太多的聲教政令，將加速走向窮途末路，爲政者，不如持守虛靜。

三【提示】

（一）此章謂天地與萬物，聖人與百姓之間，是不親密，不偏私的自然關係。

（二）第二節說明爲何「不仁」。天地對於萬物有生養之德，普遍而不偏私。天地之間，看似虛空，實則生命創造力源源無窮。而聖人由於持守虛無之原則，任隨自然之運作，無爲而治，所以不仁也。

（三）「芻狗」一詞，一般註家以束芻爲狗釋之，非是。《莊子天道》曰：「夫芻狗之未陳也，盛以篋衍，巾以文繡，尸祝齊戒以將之。及其已陳也，行者踐其首脊，蘇者取而爨之而已。」「踐其首脊，取而爨之。」天地聖人之不仁，何嘗致此。且芻狗乃人爲包裝之物，非自然產出。而其盛其毀，也皆操之於人，不同於天地任萬物之自然。今者以之比作萬物百姓，甚爲不妥。況萬物行立施展自在，若如芻狗能立不能行，則天地之間，道體之運化，亦將停立不動，必致空寂而無變化，吾人又何從觀道之玄妙。芻狗一詞，解義爲草芻畜狗，較之解作祭祀用之芻狗，以爲更能合乎老子自然之想法。

第六章

谷神（一）不死（二），是謂玄牝（三）。玄牝之門（四），是謂天地根（五）。緜緜（六）若存，用之（七）不勤（八）。

【註釋】

（一）谷神：謂道無。道無如谷，其深不可測，譬之谷神。

（二）不死：猶言永存。

（三）玄牝：牝，《說文牛部》曰：「牝，畜母也。」無「謂之玄」，故偁之爲玄牝。

（四）玄牝之門：謂無。一章曰：「玄之又玄，衆妙之門。」

（五）天地根：天地之起源。一章曰：「無，名天地始。」

（六）綿綿：《詩大雅》曰：「綿綿瓜瓞。」傳曰：「綿綿，不絕貌。」蘇轍曰：「綿綿，微而不絕也。」今備既細且長爲綿綿。

（七）之：猶則。

（八）不勤：勤，《說文力部》曰：「勤，勞也。」四章曰：「道，沖而用之。」道無以虛無爲用，自然無爲，絲毫不費勁，故曰不勤。

二【譯文】

像谷神般的道無，是永存不亡的，因此備它爲玄妙的牝母。玄牝這個生生的門戶，是天地的根源，它幽微而綿延不絕，感覺上好像有這麼一個東西存在，它運作起來，則絲毫不費勁。

三【提示】

（一）本章是繼首章文義，再次說明道無之特徵，並謂其運作之輕而易舉。

（二）道雖然「視之不見，聽之不聞，摶之不得。」（十四章文）可是它又「虛而不屈，動而愈出。」（五章文）所以王弼曰：「欲言無邪，而物由以成，欲言有邪，而不見其形。」只能說，道是無狀之狀，無物之象。這就是若存的意思。

（三）「綿綿若存，用之不勤。」「不勤」多數註家皆以「不盡」釋之。按首句「谷神不死」卽明喻，道無之無窮無盡，而「綿綿」又有微而不絕之義。今不勤再取「不盡」爲義，豈不一義三重矣。故知「不盡」之義不可從。四章曰：「道，沖而用之，或不盈。」，「沖而用之」，猶「用之不勤」。道無以虛無之形式運作，自然不勤矣。而這種虛無形式運作之法，正是老子所謂之無爲也。

第七章

天長地久。天地所以能長且久者，以其不自生（一），故能長生。

是以聖人後其身而身先（二）；外其身而身存（三）。非以其無私（四）邪？故能成（五）其私。

一【註釋】

（一）自生：自營其身。

（二）後其身而身先：後其身：謂利益則置身於衆人之後，卽不與人爭利。而：卻。身先：身處人前，爲人領袖。

（三）外其身而身存：外其身，謂置身於功勞之外，卽不居功。身存：居位不去，永爲君王。

（四）無私：私，本字爲厶。《韓非五蠹篇》曰：「倉頡作字，自營爲厶，背厶爲公。」王弼注曰：「無私者，無爲於身也。」無私，卽不自營其身，義同不自生。

（五）成：《說文戊部》曰：「成，就也。」〈京部〉曰：「就，高也。」凡高則超群出衆，故成就引申有發達，完成事功之義。

二【譯文】

天地既長且久。天地能夠更長久的原因，是由於它們不自營其生，所以能夠長生。

所以聖人不與人爭利而後卻得以身處人前；不居功得以居位不去。不是因爲他的無私嗎？所以能夠成就他個人。

三【提示】

（一）聖人法天地之不自生而長生，建立了無私的人生觀。於是，不爭利，不居功；反而成就了其自我。

（二）天地由「道無」而得受體，本不具有「道有」生命靈動此一部分，其不自生，固也。按天地之生成，蓋以生養萬物爲目的，固天地先於「有」之顯現卽已成形。然後「有」才演化萬物於其間。從此，天地生養萬物未嘗一日息也。李嘉謨曰：「天不愛其施，地不愛其生，是謂不自生。不自生，萬物恃之以生，故能長生。」謂天地長生，因爲天地盡其生養之功能，故耳。所以二章曰：「生而不有，爲而不恃，功成而弗居。夫唯弗居，是以不去。」不去卽身存。譬諸天地之長生。此乃不爭、不自生所致。

（三）後其身者，能守柔處下，故能身先；外其身者，能寡欲無求，故能身存。蓋君王自營其生，將與百姓爭利，對立必起。於是君王之施政，將不易取信於百姓，甚或爲百姓所抵制，恐其利之未得而位已失矣。六十一章曰：「既以爲人己愈有；既以與人己愈多。」《論語顏淵篇》曰：「百姓足，君孰與不足？百姓不足，君孰與足？」君王無私，乃得居位不去，食祿在其中矣，何必自生？

第八章

上善（一）若水。水善利萬物而不爭，處眾人之所惡（二），故幾（三）於道。居善地（四），心善淵（五），與善仁（六），言善信（七），正善治（八），事善能（九），動善時（十）。夫唯（十一）不爭，故無尤（十二）。

【註釋】

（一）上善：上善者。

（二）惡：厭惡。卑下潮濕，故為眾人所惡。

（三）幾：近。

（四）居善地：居處善擇地點。居爲主語，善地爲謂語，以下各句同此。
（五）心善淵：心思善致深邃。
（六）與善仁：施與善致仁愛。
（七）言善信：言語善守誠信。
（八）正善治：正：政。政務善盡治理。
（九）事善能：處事善盡能力。
（十）動善時：行動善合時機。
（十一）唯：通惟。惟：因爲。
（十二）尤：怨尤，怨恨。

二【譯文】

上善之人，其爲人像水一樣。水善於利益萬物，卻不與萬物相爭，位居衆人所厭惡卑下之地勢，所以很接近道。

居處善擇地點，心思則善致深邃，施與則善致仁愛，言說則善守誠信，政務則善盡治理。處事則善用能力，行動則善合時機。

因為不與人爭，所以看不出有怨尤。

三【提示】

（一）水就下之特性，猶人之謙下。所以老子經常讚美水，謂其幾於道。上善者之為人謙下而不爭，與水性相近，所以謂「上善若水」。

（二）「與善仁」，註譯作「施與善致仁愛」者，蓋上善之人，其施與一如日月之臨照，凡能容光之處，無不與焉。君子法「天地不仁」與「聖人不仁」，才能普遍愛人。由於「天道無親」，「與」字便不可以有「相與」之義。蓋「相與」必有所偏私，偏私則容易得到親近與稱譽，於是偏離了老子無為之宗旨了。

（三）「居善地，心善淵，與善仁，言善信，正善治，事善能，動善時」，有此七善者，於世俗有形之世界，必能輕易贏得權力與財富，若不知節制，則容易落入「盜夸」者流（見五十三章），是以老子喻人以「上善若水」之義。上善者雖有此七善，由於不爭、無尤，所以才能幾近於道。

第九章

持而盈之(一)，不如其已(二)。揣(ㄔㄨㄞˇ)(三)而梲(ㄓㄨㄛˊ)(四)之，不可長保。金玉滿堂，莫之(五)能守。富貴而驕，自遺(六)其咎。功遂身退(七)天之道(八)。

一【註釋】

（一）持而盈之：持有它又令它滿盈。

（二）其已：其，猶則。已：止。

（三）揣：《說文手部》曰：「揣，一曰捶之」。

（四）梲：《說文木部》曰：「梲，木杖也。從木兌聲。」按梲當是銳之假借。《說文金部》曰：「銳，芒也，從金兌聲。」梲，銳韻部皆阿攝入聲，可以通假。芒，卽草耑，有纖細之義。

（五）之：語助詞，無義。

（六）遺：留。

（七）身退：自我離開，不再干預。

（八）天之道：自然之道。

二【譯文】

得到之後，使它滿盈，不如就此停止。捶了之後，使它更銳細，不可能長保鋒芒的。金玉滿堂，是沒有辦法可以保守得住的。富貴之後，驕矜起來，是給自己留禍害。

功業實現之後，要自我離開不干預，這是自然的法則。

三【提示】

（一）此章旨在說明，任何事情，都要避免過度發展。一旦臨到滿盈之度，便要立刻避開，才能免於損失禍害。

（二）過度發展之現象，殆爲人性使然，或不知足，或不知止所致。老子在本章所提四例，理性者或有涵養之人，也許可以自我管控，不致於發生。至於功遂身退，可能較不容易做得到。因爲人類有追求顚峰，挑戰極限這種野性。這種人，功可以不居，因爲他隨時可以建功。一旦讓他成就一項事功之後，對於一己之能力便更深信不疑，以致無法見好就收。於是一再的將事功擴大，直到無力掌控崩潰爲止。這種特性，表現在技藝方面，尙可以方便使用，豐富生活內容，對於社會比較無害。若施於政事，由於對象是百姓，可能就變成生事擾民了。

六十三章曰：「天下難事必作於易，天下大事必作於細。是以聖人終不爲大，故能成其大。」聖人之作爲是不會讓事情過度發展的，他知道剛好就好。事功完成，不僅「功成弗居」，而且離開不干涉那個工作，這是天下之道—任自然。

第十章

載（一）營魄（二）抱一（三），能無離乎？專（四）氣致（五）柔，能如嬰兒（六）乎？滌除玄覽（七）能無疵乎？愛國治民，能無為乎？天門（八）開闔（九），能為雌（十）乎？明白四達（十一），能無知乎？

一【註釋】

（一）載：承受。

（二）營魄：營：惑。《史記孔子世家》之：「匹夫而營惑諸侯者，罪當誅。」以營惑連用，營亦亂。《淮南子原道》之：「精神亂營，不得須臾平。」以亂營連用。魄謂形體。同（禮運）之體魄，（郊特牲）之形魄。營魄，謂惑亂的肉身。

（三）抱一：抱，保持；維持。一，均。（見提示三）。抱一：保持均衡狀態。
（四）專：任〈王弼注〉。放任，不加控制。
（五）致：達到，得到。
（六）如嬰兒：謂如同嬰兒之自在，放鬆。
（七）玄覽：心之明鑑，不可外見，故謂之玄覽。
（八）天門：心。（見提示四）
（九）開闔：啟閉運作。
（十）爲雌：守柔靜之特質。
（十一）明白四達：瞭解廣遠。

二【譯文】

承受紊亂的體魄，要內心保持均衡的狀態，能夠沒有脫離嗎？聽任氣息自然的運行，得到柔和的放鬆狀態，能夠如同嬰兒般純樸自在嗎？清潔內心深處之明鏡，能夠沒有瑕疵存在嗎？愛國治民，能夠看不出作爲嗎？啟心動念，能夠善守柔靜嗎？瞭解廣遠，能夠沒有知見嗎？

三【提示】

（一）本章列述聖人之要件。領導者，當隨時以自我檢視反省，俾養成聖人之品質。所以，每一句都在提醒領導者——「做到了嗎？」為結語。

（二）載營魄：按《楚辭遠游》云：「載營魄而登霞兮，掩浮雲而上征；命天閽其開關兮，排閶闔而望予。」掩、命、排皆為動詞，而「載營魄」又與「命天閽」為對，則載字當是動詞可知。而營字則是以分詞型態——「惑亂的」作為狀詞。以修飾魄字。王逸注載營魄云：「（屈原）上為讒佞所譖毀，下為俗人所困極。」，則「載營魄」當是屈原自述其心境承受惑亂之義。做為群眾領袖，每天必須面對紛雜的人、事、物惑亂其內心，因謂其心載營魄。《遠游》及本章之載營魄，皆為省去主語「心」之敍述句。

（三）抱一：一是道的重要特徵之一。《詩曹風鳲鳩》：「鳲鳩在桑，其子七兮，淑人君子，其儀一兮。」〈正義〉曰：「鳲鳩之養其子，朝從上下，莫從下上，其執義均平。」〈箋〉曰：「喻人君之德當均一於下。」兩注皆以「一」字作「均」解，可謂貼切詩義。本章之抱一，亦當從「均」義。

老子是一元論者，均一（或均衡）是老子實現一元觀的表現方式之一。就人身個體而言，均衡是吾人最佳的身心狀態。均衡便能和諧，於是身心的能量便不會虛擲浪費，沒有過猶不及的情形。這時候肢體也能夠眞正放鬆、柔軟，觀照也能有徹底的可能。眞正達到「專氣致柔，滌除玄覽。」的目標。保持內心的均衡，可以避免認知偏狹，因此聖人可以「不仁，以百姓爲芻狗」，可以「無常心，以百姓之心爲心」。均衡可以說是爲人領袖者最起碼的涵養了。無論外在環境多紊亂，「抱一」絕對不可離。

（四）天門開闔：《莊子天運》曰：「其心以爲不然者，天門弗開矣。」〈疏〉曰：「天機之門，擁而弗開。天門，心也。」天門與心實爲一物，就體與用言，乃有二名。《莊子庚桑》曰：「入出而無見其形，是謂天門。天門者，無有也，萬物出乎無有。」心及其意念之作用，皆無可見。然一切外在消息及個體之反應，皆入出其間；謂心爲個體之天門，猶謂無有是道之天門。故清人張爾岐曰：「天門開闔，指心之運動變化言。」簡言之，啟心動念，即天門開闔之謂。

（五）本章文義，可以分作兩方面來看。前三句「載營魄抱一，能無離乎？專氣致柔，能如嬰兒乎？滌除玄覽，能無疵乎？」屬於自我內在的涵養，作用類似儒家之內聖。後三句「愛國治民，能無為乎？天門開闔，能為雌乎？明白四達，能無知乎？」屬於外在的控管，作用類似儒家之外王。領袖人物具有好的內涵，自然會有好的抗壓力。這時外在的表現，便能從容自若，雖有而若無，自然而不勉強，而載營魄抱一不離，實為聖人人格養成之濫觴了。

（六）本章所列六事，皆屬內省之功夫。事情發生在自己身上，只要自我檢視，便能清楚明白。此章四「無」字，除無為對象為國與民，其餘固非他人之視己，故不得作「看不出」解，當以「沒有」為義。

第十一章

三十輻共一轂(一)，當其無(二)，有車之用(三)。埏埴以為器(四)，當其無，有器之用。鑿戶牖以為室(五)，當其無，有室之用。

故有之以為利(六)，無之以為用(七)。

一【註釋】

(一) 三十輻共一轂：輻，車輪中一條條的直木。轂：車輪中心穿軸的中空圓木。

(二) 當其無：當，猶在。無，謂其中空。

(三) 有車之用：用，謂功用。車之功用，即載運也。

（四）埏埴以爲器：埏，用水將土和成泥。埴，黏土。以爲，做爲，做成。

（五）鑿戶牖以爲室：戶，門之單扇者。牖，房屋側面的窗。

（六）有之以爲利：有，指有形的部分。之，猶則也。以爲，作爲，用爲。利，方便，利便。

（七）無之以爲用：無，指空虛的部分。用，效用，功用。

二【譯文】

三十根輻條，一同滙集在一個轂，當它中空時，有車子載運的功用。揉合黏土，做成器皿，當它中空時，有器皿盛物的功用。開鑿門窗，做爲居室，當它中空時，有居室住人的功用。

所以，有形的部分用爲是一種便利，空無的部分用爲是一種功用。

三【提示】

（一）此章爲老子就有無同體時，觀察到其間之利用關係。

（二）至此章，老子就有無關係已分別敍述其間不同之類型爲：

1. 第一章，述宇宙演化之次第，有生於無，這是垂直關係。

2. 第二章，述人世紛擾之起因，爲有無相生，這是平行關係。
3. 第十一章，述物用利生，爲有無同體。這是體用關係。

（三）有無相生，在人際關係中是會演變成競爭緊張的現象，所以老子在第二章便已提警告。至於器物方面，因爲有無相生，發揮了器物的功能，方便使用，充實生活。所以說：「有之爲利，無之爲用。」這是老子對有無的另一種觀察心得。

第十二章

五色（一）令人目盲（二），五音（三）令人耳聾（四），五味（五）令人口爽（六），馳騁（七）畋獵（八）令人心發狂（九），難得之貨令人行妨（十）。

是以聖人為腹不為目（十一），故去彼取此（十二）。

【註釋】

（一）五色：青、赤、黃、白、黑。五字喻其多也，以下各句同。

（二）目盲：非眼不能見，喻色彩敏感度變差。

（三）五音：宮、商、角、徵、羽。

（四）耳聾：非耳不能聽，喻耳聽不習慣平實之樂聲。

（五）五味：酸、甘、苦、辛、鹹。

（六）口爽：王弼注：「爽，差失也。」謂味覺遲鈍不靈光。

（七）馳騁：騎馬奔競。

（八）畋獵：畋獵，同義連詞。《呂氏春秋直諫》曰：「以畋於雲夢。」注：「畋，獵也。」

（九）狂：《說文犬部》曰：「狂，狾犬也。」狾犬，瘋狗也，字與猘同。引申作心亂瘋癲。

（十）妨：《說文女部》曰：「妨，害也。」段注：「害者，傷也。」

（十一）不爲目：不因視覺滿足而爲。此句舉目以概括以下四項之省筆。

（十二）去彼取此：避開目，耳，口，心欲等非基本需求，求取飽腹之需求。

二【譯文】

色彩繽紛，令人視覺敏感度變弱；音聲複雜，令人聽覺接受度變差；口味太多，干擾口感，令人味覺不敏；騎馬奔競，殘殺獵物，令人內心狂亂；難得的貨品，引人貪求，令人行爲受到妨害。

所以聖人只照顧肚子吃飽，不從事那些有關目、耳、口、心、欲等役人之事務，所以避開那些誘因，而求取能吃飽這種需求而已。

三【提示】

（一）此章謂聖人之治，重在養民，並去除各種外物之誘因，以免百姓之心性行爲受到不良之影響。

（二）《書臯陶謨》曰：「以五采彰施於五色作服，汝明。予欲聞六律五聲八音，在治忽，以出納五言，汝聽。」知舜之時五色，五音已運用於施政，史書上未見有目盲，耳聾現象之記載。則知老子所謂之目盲、耳聾者，當另有所指。吾人若從「五味令人口爽」思考之：「五」字有複雜多變化之意，而「口爽」者，謂官能失常，味覺遲鈍。於是知，當吾人習於複雜多變化之色彩，或將無感於單純平淡之色彩，如若視而不見，此殆五色令人目盲之意。而常人若習於曲風華麗、分部豐富之音樂，耳聽或將不在意於平常簡單之樂曲，雖聽而若不聞，此殆五音令人耳聾之意。馳騁畋獵，令人心發狂者，謂習於狂熱追逐，殺生爲樂，人之心性也將隨之狂暴起來。難得之貨，令人行妨者，謂人欲得之心念，易致巧取偷盜之行爲。

（三）「五色令人目盲，五音令人耳聾，五味令人口爽。」其所以然者，蓋由於「複雜與單純」對比所致。如果沒有複雜之出現，則單純也不以爲單純。老子在第二章裡已明確的表明反對二元的觀念。因爲對比便會競爭，競爭最不利於衆多弱勢者，而且嚴重傷害善良環境。五色、五音、五味，當政者可以不必阻止，但是絕對不可以提倡。儒家思想是多元的，所以儒家治道便愈複雜。老子的思維是一元的，所以老氏的治道是愈走愈無化。這是由於兩家在思想上根本差異所致。

第十三章

寵辱若驚（一），貴大患若身（二）。

何謂寵辱若驚？寵為下（三），得之若驚，失之若驚。是謂寵辱若驚（四）。

何謂貴大患若身？吾所以有大患者，為（五）吾有身，及（六）吾無身，吾有何患。

故貴以（七）身為（八）天下，若（九）可寄天下；愛以身為天下，若可託天下。

【註釋】

（一）驚：害怕，驚嚇。

（二）貴大患若身：全文應作「貴大患若貴身」。貴，有珍惜、重視之意。

（三）寵爲下：下，有卑下、卑微之意。寵，乃得之於尊貴者，故謂之下。

（四）是謂寵辱若驚：寵既爲下，辱自不待言。故舉寵以包辱爲結。

（五）爲：因也。

（六）及：猶若（見《經傳釋詞》）。

（七）以：猶其也。《禮記王制篇》：「山川神祇，有不舉者爲不敬，不敬者君削以地；宗廟有不順者爲不孝，不孝者君黜其爵。」以與其互文，皆爲所有格，猶口語之他的。

（八）爲：猶治也。《文子上仁篇》引作「貴以身治天下，可以寄天下，愛以身治天下，所以託天下。」

（九）若：猶乃也、則也。

二【譯文】

得寵與受辱如同受驚嚇一般，珍惜大禍患如同珍惜己身安全一樣。

怎麼說得寵與受辱如同受驚嚇呢？受寵是卑微的事，所以得寵時如受驚嚇，失寵時也如受驚嚇。這叫做寵辱受驚。

怎麼說珍惜大禍患如同珍惜己身安全呢？我有大禍患的原因，是因爲我有這個身體，假使我沒有身體，我有什麼禍患呢？

所以，珍惜自己的身體治理天下的人，便可以寄付他天下；愛惜自己的身體治理天下的人，便可以託付他天下。

三【提示】

（一）此章是老子就古語所作的解釋，並延伸其意義，以爲這是統治者應有的節制。

（二）寵與辱都是受之於人。受辱固自覺卑微，得寵也非榮耀之事。不曉得哪一天這個寵要被剝奪去了。所以說寵辱若驚，寵與辱無所謂上下之別，都是下。在老子的國度裡，根本不會有寵辱這回事。老子是一元思想者，他的一元主張就是自然。所以老子之治道，最在意的就是如何消彌百姓對立現象的發生。寵辱類屬美惡認知之事，若有寵辱之行，就會使得百姓爭寵避辱，以致不能安於正常清靜之生活。所以聖人之治，在於「處無爲之事，行不言之

教。」（二章）「虛其心，實其腹，弱其志，強其骨，常使民無知無欲，使夫智者不敢爲也。」（三章）

（三）貴大患若身，以淺白的話來說，就是不要沒事去招惹大患，危害到自身的安全。我們會有大患，固然是因爲我們有這個身體，這是很無奈的事。不過，只要避免挑起大患的爭端，如此自身的安全也就有保障了。對照《論語顏淵篇》曰：「一朝之忿，忘其身及其親，非惑與？」一語，更可以明白「大患若身」的精義了。

就消極面而言，一位珍重自身的人，他必定矜持自重，不會任意行事。一位愛惜自身的人，必定操危慮患，遇事謹愼小心。這樣的人，雖然還不及老子所謂的聖人的要件—達至「太上，下知有之」之層級，這種人寄託於天下的重責，至少可以避免大禍患的發生，天下和平，百姓安居樂業，也屬其次了。

（四）「寵辱若驚，貴大患若身」，寵辱若驚之上少了個動詞，可以說這是一句不完全的排比句。寵與辱皆是由外加到我身者，寵辱兩字合成連聯詞時，這個意義更加明顯。口語中，言及寵與辱時，都會在其上加上「得」、「受」等接受詞，但是在文字書寫時卻常常將其隱去。可以說，「寵辱若驚」即「得寵與受辱若驚」之省文；〈岳陽樓記〉之「寵辱皆忘」即「得寵與受辱皆忘」之省文。因爲意義已經很明白了，習慣上便不再加動詞在其上了。

（五）老子主張均衡，避免走極端。寵辱都是極端之兩邊，而且又是受之於人，能夠免則免。若是當兩個極端必須選擇一方時，老子會選擇柔弱安靜的一方。因爲柔弱安靜的情況比較容易維持把握，而且柔弱安靜具有未來發展之可能。如本章「貴大患若身」一句，因爲我們有身體，才會感受到有大患，此乃有無相生之理。大患易傷吾身，所以要像珍惜寶物般的將之供在一旁，觸碰不得。其他類似的例子，如曲則全，枉則直，窪則盈，敝則新，少則得。知雄守雌，知白守辱等皆屬之。

第十四章

視之（一）不見，名曰夷（二）；聽之不聞，名曰希（三）；摶（四）之不得，名曰微（五）。此三者不可致詰（六），故混而為一。其上不皦（七），其下不昧（八），繩繩（九）不可名，復歸於無物。是謂無狀之狀，無物之象，是謂惚恍（十）。迎（十一）之不見其首；隨之不見其後。

執（十二）古之道（十三），以御（十四）今之有（十五）。能知古始（十六），是謂道紀（十七）。

一【註釋】

（一）之：猶則。

（二）名曰夷：名曰：猶稱爲。河上公注：無色曰夷。

（三）希：河上公注：無聲曰希。

（四）搏：《說文手部》曰：「搏，索持也。」段注：「謂摸索而執持之也。」卽索取之義。

（五）微：河上公注：無形曰微。

（六）致詰：致：猶盡。詰：責問。詳細的問，謂之致詰。

（七）皦：光明，光亮。

（八）昧：晦暗，昏暗。

（九）繩繩：猶六章「綿綿若存」之綿綿。謂其微而不絕。

（十）惚恍：卽上文之「無狀之狀，無物之象。」道之象，既微而不絕，感覺若有若無。

（十一）迎：當其面曰迎。猶遇、逢。

（十二）執：猶取用，把握。

（十三）古之道：謂無。卽首章：「無，名天地之始。」之「無」。本章則以夷、希、微來形容其惚恍之狀。

（十四）御：猶操持、操控管理。

（十五）今之有：泛指現世一切有形之事物。別於首章曰：「有，名萬物之母。」是「有」爲無形之有，故與無「同謂之玄。」

（十六）古始：遠古之初始。謂夷、希、微等道無之特徵。

（十七）道紀：紀：認識，辨識。道紀，道的認識。（參提示三）

二【譯文】

視則見不到，稱爲「夷」；聽則聽不到，稱爲「希」；摸則摸不著稱爲「微」。這三種情形，不能追究清楚，所以是混和爲一體的。它的上方不光明，它的下方不晦暗，綿延不絕，不能說個清楚，又回歸到沒有物象的象貌，這叫做「惚恍」。面對著它，見不到它的前頭；尾隨著它，見不到它的後端。

把握古時道無的特徵，用以管理現今的有。能夠知道古老原起的特徵，這叫道的認識。

三【提示】

（一）此章概述道體之特徵，並以爲執道可以御今之有，欲識道，則必先知古始。

（二）道體之無乃確實而存有，直以不能感覺明白知道而已。所以，在此章，老子再次對道無之特徵，憑藉文字的形容，烘托，試圖讓讀者有個較清楚，可以想像的概念。蓋眞正瞭解道體之無是怎麼一回事，對道無才有正確的認識，可以管理天下。此道無之概念，是老子思想與其他學說根本差異的所在。如果不能辨識，便很容易和其他學說混爲一談。所以，老子才會強調，「能知古始，是謂道紀。」

（三）「道紀」一詞，解作「道的紀律」是不妥的。按紀律之需要，多以品類紛雜，爲便於統一管理，乃有紀律之創始。老子之道，既爲獨一無二之體，自然無須什麼紀律之必要。且首章曰：「道可道，非常道。」四章曰：「道沖。」道是如此之虛無，吾人從何能夠訂出一個道的紀律來？紀之不得解作紀律，其理甚明。

《說文糸部》曰：「紀，別絲也。」〈段注〉曰：「別絲者，一絲必有其首，別之是爲紀。」按別之辨識之，於是紀便引申有識別，認識，認知等義。故《廣雅釋詁二》曰：「紀，識也。」《釋名釋言語》曰：「紀，記也；記，識之也。」直接謂紀爲記之假借，所以有「識之」之義。能知，乃能識。是「道紀」者，乃承上文「能知古始」之「知」義而來，謂對道之認識。

第十五章

古之善為道者（一），微妙玄通（二），深不可識（三）。夫唯不可識，故強為之容（四）。

豫兮（五）若冬涉川，猶（六）兮若畏四鄰，儼（七）兮其若客，渙（八）兮若冰之將釋，敦（九）兮其若樸（十），曠（十一）兮其若谷，混（十二）兮其若濁，澹（十三）兮其若海，飂（十四）兮若無止（十五）。

孰能濁以（十六）靜之（十七）徐清；孰能安以動之徐生。保此道（十八）者不欲盈。夫唯不盈，故能蔽（十九）不新成（二十）。

【註釋】

（一）善爲道者：善於行道者。

（二）微妙玄通：微妙：謂心思細緻奧妙。玄通：通曉幽深事理。
（三）識：認識、瞭解。
（四）爲之容：謂其外貌。爲：謂。之：其。指古之善爲士者。
（五）豫兮：疑慮、審愼之貌。貌字回應首節「容」字。兮：助詞，猶乎。
（六）猶：警戒（貌）。
（七）儼：恭謹自持（貌）。
（八）渙：離散，放鬆（貌）。
（九）敦：淳厚，實在。（貌）。
（十）樸：未雕之素材曰樸。
（十一）曠：開朗（貌）。
（十二）混：喻糊塗（貌）。
（十三）澹：靜止（貌）。
（十四）飂：《說文風部》曰：「飂，高風也。」風飄起之義。《廣雅釋訓》曰：「飂字亦作飉。」《風俗通》曰：「微風曰飉。」引申作形容人外表輕飄，飄逸貌。

（十五）止：留止。

（十六）以：由。

（十七）之：猶而。

（十八）此道：謂：「濁以靜之徐清，安以動之徐生」之自然慢活的生活態度。

（十九）蔽：王弼注：「蔽，覆蓋。」

（二十）不新成：不顯現新成就。

二【譯文】

古時候善於行道者，其心思細緻奧妙，通曉幽深的事理；其內涵深邃，令人無從瞭解。所以勉強說說他的外貌。

他審慎起來的樣子啊！像似冬日涉過結冰的河川；警戒起來的樣子啊！像似害怕四鄰的危害；恭謹起來的樣子啊！像似正在做賓客；放鬆起來的樣子啊！像似冰塊就要融化掉；淳眞起來的樣子啊！像似未雕刻過的素材；開朗起來的樣子啊！像似寬廣的山谷；糊塗起來的樣子啊！像似混濁的流水；靜

寂起來的樣子啊！像似平靜的大海；飄逸起來的樣子啊！像似無處可以停留。

誰能在混濁之時，藉由守靜而使心智慢慢變得清澈；誰能在安定之中，藉由作爲而（使道）慢慢得到進展？抱持這種態度生活的人，凡事不求滿盈的程度。正因爲不求滿盈，所以能隱蔽而不顯現新成就。

三【提示】

（一）本章旨在描述古之善爲道者之日常容儀舉止。因其自然慢活的行道生活，使自己免於步上絕對完美的地步。所以能蔽不新成，而且有各種容儀顯現，令人無從瞭解他們。

（二）「古之善爲道者」，王弼本作「古之善爲士者」。按「士」乃古時別於平民之一種身分。《漢書食貨志上》曰：「學以居位曰士。」「士」是預爲官職前之身份。其後凡居位任事者皆曰士。所以《詩周頌清廟》曰：「濟濟多士。」爲道者與爲士者在《老子》書中，是有分別的。六十五章曰：「古之善爲道者，非以明民，將以愚之。」爲道者顯然是領袖人物。六十八章曰：「善爲士者不武。」士謂士卒之帥。四十一章曰：「上士聞道，勤而行之。」「上士」方聞道而行，究非爲道者可知。《後漢書黨錮傳》劉祐注引《老子》此句作「古之善爲道者。」足證王弼本之誤。

（三）本章第二節，整節不避瑣碎的連續九句排比，用以描摩爲道者之外在表徵，並且每一句都有一「兮」字，使得字句音節速度更加延緩下來，很自然的將爲道者慢活的態度襯托出來。而結語的「徐清」，「徐生」之「徐」字也有所本了。誦讀本章時，速度宜舒緩，試著體會一下這種修辭的效果。

（四）「濁以靜之徐清」，這是爲道者的心智活動原則。十章曰：「載營魄，抱一。」人身承受許多外來的紛擾，心智不能保持澄明，行事如何能夠秉持均衡的自然原則？所以五十三章曰：「使我介然有知，行於大道。唯施是畏。大道甚夷，而民好徑。」善爲道者最擔心的就是心智不澄明，利令智昏，以致急功近利，使自己成了「盜夸」而不自覺。

「安以動之徐生」，這是爲道者之行事原則。道隱無形，爲道者之行事作爲亦如自然運轉一樣，無聲無息的，在安定之中運作。老子謂之爲「無爲」。

「無爲」不是不必作爲，而是無感之爲。六十章曰：「治大國，若烹小鮮。」謂治理國家大事要有耐性，慢慢來。六十三章曰：「圖難於其易，爲大於其細。」六十四章曰：「爲之於未有，治之於未亂。」在在都是爲了避免干擾百姓，影響到社會的安定。總之，爲道者之行事作爲，無不近似自然而然，在安定中進行，適可而止，百姓亦不以爲意。這就是無爲了。

（五）「濁以靜之徐清，安以動之徐生。」這是一種慢活的人生態度。這樣的生活，最契合「道法—自然」的原則。自然的運作，無聲無息，緩慢而無休止的進行著。萬物一天一天的過著，卻感覺不出日子間有什麼變化。爲道者的行爲舉措也是漸進的。他也不會讓事情發展到過滿、過足。一旦有什麼新的成就，他都會設法隱藏，不使之暴露於外，驚動百姓。因此，人們不可能在瞬息間感受到他的變化。這就是他讓一般人感覺微妙玄通，深不可識的原因。

（六）「澹兮其若海，飂兮若無止。」一句，原本誤植於二十章中。惟以句子之結構與敍述之內容，與該章無可相容者，知此一排比句，當非該章原有之文字，於是將之迻出。案「澹兮其若海」等爲一省去主語之敍述繁句。「澹兮」爲謂語，「若海」爲「澹兮」之補充語。句型和十五章第二節「豫兮若冬涉川」等句之結構類似。究其文義，亦同屬描摩個人特質之敍述。基於此，以爲併於十五章第二節甚爲合理。亦有充實針對「古之善爲道者」之形容。

第十六章

致虛極，守靜篤。萬物並作（一），吾以觀復（二）。夫物芸芸（三），各復歸其根。歸根曰（四）靜（五），是謂復命（六），復命曰常（七）。知常明（八）；不知常，妄作凶。知常容（九），容乃公（十），公乃全（十一），全乃天（十二），天乃道（十三），道乃久，沒身不殆（十四）。

【註釋】

（一）作：起。謂啟動生長。

（二）復：循環。往返曰復。

（三）芸芸：衆多。

（四）曰：猶則。
（五）靜：寂然不動。
（六）復命：回歸生命本體。
（七）常：不變，常態。
（八）明：明瞭。
（九）容：包容。
（十）公：公平，不偏私。
（十一）全：周全，圓融。
（十二）天：謂如天之無所不覆。即均一之特性。
（十三）道：謂自然無為。
（十四）殆：危。

二【譯文】

達到極度的虛無狀態，保持確實，安靜的情況。萬物同時啟動生命時，我因而觀照它們循環的過程。

萬物盛多，各個又回歸到它們的根源。回歸根源便會寂靜，這叫作復命，復命便回到常的狀態了。明白常的狀態，便會明瞭究竟眞實。不明白常，便會妄作不好的事。

明白常的狀態，便能包容；包容才能公平，不偏私；公平才能周全；周全才能同天之無所不覆；能同天之無所不覆，才能合道之順任自然；合道之順任自然，才能長久，終其身，不會有危險。

三【提示】

（一）此章是老子謂其在「致極虛，守靜篤。」之後，觀照萬物的循環過程，並述其心得。

（二）四十章曰：「反者道之動。」道體是不停的循環運動著。萬物順隨著道體的運動，各類物種也各有不同的循環週期。雖然，循環最後會再度回到生命的起動點，老子說是歸根。這時候是寂靜的狀態，是永恆不變的眞實，所以謂之爲「常」。常是道無的特性，知道常，則明白自然運作之不可逆性，便能守靜而順任自然之運作。不知常，才會反自然之運作，妄作凶險的行動。

（三）知道常，便知道守靜而順任自然之運作，故能包容。能包容，進而能不偏私，進而能周全，進而能像天均一的無所不覆，進而能合於道的自然無爲。於是能常常久久，終其身不會有危險。四十九章曰：「聖人無常心，以百姓之心爲心。」聖人能夠有如此的涵養寬恕，大概也是從「知常」逐漸發展養成的吧！

第十七章

太上（一）下有知（二），其次親而譽之（三），其次畏之（四）其次侮之（五）。信不足，焉有不信焉（六）。悠兮（七）其貴言（八）功成事遂，百姓皆謂：「我自然（九）。」

一【註釋】

（一）太上：太上猶言最高最好。指治道而言。

（二）下知有之：下，謂百姓。百姓位卑居下，故謂之下。知有之，知有君上之謂。

（三）譽之：讚美統治者。

（四）畏之：畏懼統治者。

（五）侮之：《說文人部》曰：「侮，傷也。」又曰：「傷，輕也。」侮有羞辱輕視之義。

（六）信不足，焉有不信焉：此句話與上文文義甚無關連，蓋爲二十三章誤植。

（七）悠兮：猶悠然。閒然自得之貌。

（八）其貴言：其，猶而。《逸周書官人篇》曰：「喜怒以物，其色不變。」《大戴禮官人篇》作：「喜怒以物，而色不變。」貴言：惜言。

（九）我自然：我自己如此的。謂事功成就得之於己。

二【譯文】

治道最好的世代，百姓知道有統治者；其次的世代，百姓親近統治者，而且讚美統治者；其次的世代，是百姓畏懼統治者；其次的世代，是百姓羞辱輕視統治者。

（太上世代之統治者）悠閒自適，不多言。成就的事功，百姓都說：「我自己如此的。」

三【提示】

（一）此章老子既比較不同世代君上與百姓互動情形之優劣，並說明太上之世，君上悠閒而貴言，所以「下知有之」而已。

（二）「太上，下知有之」。有些版本作「太上，不知有之」者，此蓋不明本章老子意在說明不同的世代，君上與百姓間的互動關係。「不知有之」，謂不知有君，不知有君，固知君王未曾與百姓有任何互動之關係。如此，則與下文「親而譽之」、「畏之」、「侮之」，在文理上不能相銜接。且不與民相接，卽便是以聖人爲君，不知其民，如何能治其國？四十九章曰：「聖人在天下，歙歙焉，爲天下渾其心，百姓皆注其耳目，聖人皆孩之。」又六十六章曰：「聖人處上而民不重，處前而民不害。是以天下樂推而不厭。」「注其耳目」「天下樂推而不厭」，不是「下知有之」而爲何？較之文理之純一；證之《老子》之文義，王弼本《老子》以「下知有之」入文較妥。

（三）何以謂「太上，下知有之。」按太上之世代，老子以爲是聖人治世之時。方其時，二章曰：「聖人處無爲之事，行不言之較。萬物作焉而不辭，生而不有，爲而不恃，功成弗居。」如此，百姓固無從知其所爲矣。且聖人之爲人也，「和其光，同其塵。」百姓亦無由知其所能者。（擊壤歌）曰：「日出而作，日入而息。鑿井而飲，耕田而食。帝力於我何有哉！」作息飲食，任其自然，君上所爲，百姓全然不知。故曰：「太上，下知有之。」也。

（四）「信不足，焉有不信焉。」置於本節末了，當有歸納綜結該節文義之作用，惟本句之「信」字，意義不明確，未能與上述四類百姓對應君王之態度相連接。或以爲本句約可當作「其次侮之」之註腳。以百姓之態度，乃反應君王之誠信不足。說既勉強，尤不合文章章法。因疑此句當是他章誤植，故刪去。按「悠兮其貴言，功成事遂，百姓皆謂我自然。」一句方是本章眞正之結語。以「我自然」回應「下知有之」。如此之君民關係，即是五章之「聖人不仁，以百姓爲芻狗。」之關係。而「悠兮其貴言」之意，不亦是二十三章之「希言—自然。」君王「貴言」，而百姓以「我自然」相應，此即爲最好之世代之君民關係，而老子心嚮往之矣！

第十八章

大道廢（一），有仁義；慧智（二）出，有大偽（三）；六親（四）不合，有孝慈；國家昏亂（五）有忠臣。

【註釋】

（一）廢：止也，不行之義。

（二）慧智：即聰明才智。

（三）偽：欺詐，偽詐。

（四）六親：父、子、兄、弟、夫婦。

（五）昏亂：綱紀敗壞，禍亂不安。

二【譯文】

大道廢止不行，於是有仁義的提倡；君王聰明才智一旦展現，於是會有大僞詐發生；六親不能和睦，於是有孝慈的彰顯；國家綱紀敗壞禍亂不安，於是有忠臣的出現。

三【提示】

（一）本章旨在說明大道廢止，是一切亂源的發生原因，於是而有倫理道德的提倡。

（二）當大道運作之時，萬物都是循著自然之序，不知不覺地進行，天下沒有什麼不足和缺憾。一旦大道廢止不行，世間運作失序，天下漸行漸亂。以前行之稀鬆自然之事，這時竟然顯得珍貴又稀罕。於是大事提倡稱揚。殊不知，不能遵行根本之道，終究也治不了標，又何能希冀天下和平安定？

（三）「慧智出，有大僞。」大道既廢，君王遂行其智慧，以智治國。於是制法立刑，懲戒罪犯。然而，上有政策，下有對策。小智小慧之民猶可竊仁義之名而免，如之何可以期望大姦僞之禁絕？所以王弼注云：「行術用明，以察姦僞，趣覩形見，物知避之。故智慧出，則大僞生。」意思是說：治理辦法，公開透明，以此考察姦僞，執行方式被看得一淸二楚，人們都知道避開。所以，展現慧智來治國，就會有大姦僞發生。所以，六十五章曰：「故以智治國，國之賊；不以智治國，國之福。」

第十九章

絕聖棄智（一）民利百倍；絕仁棄義，民復（二）孝慈；絕巧棄利，盜賊無有。此三者（三）以為文（四），不足，故令有所屬（五）——見素抱樸，少私寡欲。

【註釋】

（一）聖：智；聰明才智（見前章）。

（二）復：恢復，返復。

（三）三者：謂聖智，仁義，巧利三者。

（四）文：外表文采。

（五）屬：歸屬，歸依。

二【譯文】

君王棄絕動用聰明才智，人民有百倍的好處；棄絕提倡仁義，人民又會恢復慈孝了；棄絕講求精巧利益，盜賊就不再有了。這三項棄絕之事，都是外表虛文，治天下是不夠的，所以要使民心有所歸屬—顯現純眞，持守質樸，少私心，少欲望。

三【提示】

（一）此章是接第十八章大道廢止之敝害，提出見素抱樸，少私寡欲標本雙治之法。

（二）君王絕聖棄智，自然不會想去推創新政，制法立刑。於是，人民可以不必疲於應付，擔心犯行，安心的從事農務。所以說絕聖棄智，民利百倍。君王絕仁棄義，則虛仁假義之務，便無由而生，人民自然有餘力兼顧仰事俯畜之任。所以說絕仁棄義，民復孝慈。至於奇巧財利之貨，若上有好之者，下必甚焉。於是上下交征利，盜賊起矣。所以說，君王絕巧棄利，盜賊無有。

（三）以上聖智，仁義，巧利三者，都是外在虛文，老子認爲這些東西，不足以美化人之本質，以爲必須絕棄之。此外尚須令人民之心念有所歸屬，也卽顯現樸素之特質，減少私心和欲望。如此才能眞正達成絕聖棄智，絕仁棄義，絕巧棄利之功效，回歸於自然無爲之道。此與《禮記中庸》曰：「天命之謂性，率性之謂道。」這一部文義是相近的。

第二十章

絕學(一)無憂。

唯(二)之與阿(三)，相去幾何？美(四)之與惡，相去若何？人之所畏，不可不畏。

荒(五)兮其(六)未央(七)哉？眾人熙熙(八)，如享太牢(九)，如登春臺。我獨泊(十)兮其未兆(十一)，如嬰兒之未孩(十二)，儽儽(十三)兮若無所歸。眾人皆有餘(十四)，我獨若遺(十五)。我愚人之心也哉！沌沌(十六)兮。俗人昭昭(十七)，我獨昏昏(十八)；俗人察察(十九)，我獨悶悶(二十)。〔澹兮其若海，飂兮若無止〕(二十一)。眾人皆有以(二十二)，而我獨頑似鄙(二十三)。我獨異於人，而(二十四)貴食母(二十五)。

【註釋】

（一）絕學：棄絕學習世俗之學。（義參原文內容）。

（二）唯：恭敬之應聲。

（三）阿：怠慢之應聲。

（四）美：王弼本原文作「善」，蓋爲「美」之形誤。王弼註文曰：「唯阿美惡相去何若？」王弼本也以美爲正字。《老子》一章曰：「天下皆知美之爲美，斯惡矣。」老子以美惡對言。

（五）荒：巟之假借。《說文川部》曰：「巟，水廣也。」引申作廣遠。

（六）其：語詞。無義。

（七）央：陸氏《釋文》引《說文》曰：「央，久也，己也。」今《說文》無「己也。」一訓。

（八）熙熙：和樂的樣子。

（九）太牢：牛、羊、豖三牲具曰太牢。引申作美食。

（十）泊：安靜。

（十一）兆：徵象，反應。

（十二）孩：咳之假借。《說文口部》曰：「咳，小兒笑也。」

（十三）儽儽：爲傫傫之形誤。《說文人部》曰：「傫，垂兒。一曰嬾懈也。」《廣雅釋詁二》曰：「傫傫，疲也。」

（十四）有餘：謂懂得多。

（十五）遺：不足，缺失。

（十六）沌沌：王弼註曰：「無所別析，不可爲明。」糊塗不明之義。按王氏以沌爲忳之假借。《釋文》曰：「沌本作忳。」忳，《集韻》曰：「忳，愚兒。」

（十七）昭昭：聰明的樣子。

（十八）昏昏：愚昧無知。

（十九）察察：精明的樣子。

（二十）悶悶：不明，糊塗。

（二十一）〔澹兮其若海，飂兮若無止〕：此句爲十五章文誤植於此。

（二十二）以：作爲。《論語爲政》曰：「視其所以。」朱注：「以，爲也。」

（二十三）頑似鄙：愚鈍且鄙陋。似，且之誤。（見王弼註）。

（二十四）而：卻。

（二十五）食母：食，飼。食母猶養母，乳母。謂道。

二【譯文】

棄絕學習世俗之學，便沒有煩憂。

恭敬的應唯，與怠慢的應阿，相差多少？美與不美，相差多少？人們所畏懼的事，不可不畏懼。

相差太遠了，未能終止嗎？衆人爲求世俗之學，那種和樂的心情，好像是享受太牢美食般，又好像春天登台望遠般。只有我靜靜的，沒有任何反應，好像嬰兒未曾咳笑，嬾懈的樣子，好像沒有什麼地方可去。衆人知道很多的事情，我卻好像有所不足。我是愚人那種心思吧！糊糊塗塗的。俗人顯得非常聰明，只有我愚昧無知；俗人是精明的樣子，只有我糊塗不淸。衆人都有作爲，卻只有我愚鈍且無見識。只有我異於他人，卻珍惜汲取自然之道。

三【提示】

（一）文章只在告訴君王，百姓學習世俗之學只會造成對比狀況，增加生活上繁瑣的負擔，成爲治道的隱憂。不如棄絕學習俗學，使百姓回歸自然之道，保有安靜的生活。

（二）嚴復《評點老子道德經》云：「絕學固無憂，顧其憂非眞無也。處憂不知，則其心等非無耳。非洲鴕鳥之被逐而無復之也，則埋其頭於沙以不見害己者爲無害。老氏絕學之道，豈異此乎？」老子之道，確實不同於嚴氏所舉說者。

從本章老子所列舉對比之事項，概爲外在膚淺之行爲表現，無關乎所謂知識之內涵。實難斷言老子有反對學習知識之意。況老子本人因知識而有《道德經》；而《道德經》中，因有智慧之聖人而能全其說，智慧因有知識而得開展。如果老子反對學習知識，豈不是老子反對老子了。五十六章曰：「知者，不言。」七十一章曰：「知，不知，上。」蓋老子認爲知識是一種修養內涵，不宜當作是一種榮耀自己的憑藉。所以，老子不反對學習知識是很明白了。

（三）農業爲主的經濟世代，人力是最重要的生產力。若人們太熱衷於世俗之學，必定會耽誤農事。再者，群衆活動容易造成相互比較的心態，形成競爭現象，無益社會的安定與發展。此一現象，與三章曰：「使民無知，無欲，使夫智者不敢爲也。」之聖人治道背道而馳，此所以「人之所畏，不可不畏。」之故。老子深憂衆人之離道，乃有「絕學無憂」之主張。

（四）本章「絕學無憂」四字，可以視之爲說明文之題頭。其下分作兩節，首節言存在憂畏的事實，實有不可不畏者，以此點出「絕學無憂」之旨要。第二節承首節不可不畏之義，以「荒兮，其未央哉？」之嘆，開啟一節文字。此節詳述「衆人」追求俗學，與「我」在心境與態度上之差異，取對照之方式，加深說明「不可不畏」之嚴重性，與絕學之必要。最後更進一步，以「貴食母」爲結。暗示「絕學無憂」之辦法。

（五）本章第三節行文中，「俗人昭昭，我獨昏昏；俗人察察，我獨悶悶；衆人皆有以，而我獨頑似鄙」句。皆以人我先後爲句，對比成組之複句串聯。「澹兮其若海，飂兮若無止。」爲兩句敍述繁句相聯而成之排比句。就句子之結構言，「澹兮其若海，飂兮若無止。」介於其中，與上下文之文理缺乏協調性。再者，本節複句之內容，旨在對比人我反差之現象。而「澹兮其若海，飂兮若無止。」純爲針對某一個人特點之描述，和「俗人昭昭，我獨昏……」句，於文義上毫無相容性可言。就所提前兩點疑議，「澹兮其若海，飂兮若無止。」當是他章文字誤植於此，故刪去。

第二十一章

孔（一）德（二）之容（三），惟道是從（四）。

道之為物，惟恍惟惚（五）。惚兮恍兮，其中有象（六）；恍兮惚兮，其中有物（七）。窈兮冥兮（八），其中有精（九），其精甚真（十），其中有信（十一）。

自古及今，其名（十二）不去，以閱（十三）眾甫（十四）。吾何以知眾甫之狀哉？以此。

一【註釋】

（一）孔：大。此爲孔之引申議。

（二）德：特徵。萬物由道而得稟賦，謂之德。五十一章曰：「道生之，德畜之。」德爲道之顯，道爲德之根。

（三）容：模樣。

（四）從：由。

（五）惟恍惟惚：惟，助詞。恍惚（或惚恍），似有似無。

（六）象：外形，形狀。

（七）物：質的。

（八）窈冥：窈，深遠。冥，案昧不明。

（九）精：生命之根源。

（十）眞：確實不假。

（十一）信：信驗（王弼）。終古不變，故曰信。

（十二）名：指道。

（十三）閱：檢驗，省視。《管子度地》：「常以秋歲末之時，閱其民。」

（注）：「謂省視也。」

（十四）甫：父，始。

大的天賦特徵模樣，都是由道而來。

二【譯文】

道這個東西，似有似無。其中有形象。似有似無，其中有物質。幽深暗晦不明，其中有生命之根源。這個生命的根源甚爲眞實，其中有可以信驗的。從古到今，道這個名不曾消失過。用它來省視萬物之初始。我何以知道萬物初始的情狀呢？由道的瞭解來的。

三【提示】

（一）此章言，萬物初始之情狀，早於未演化，便已粗略成形。因此，從道無可以觀照萬物之情狀。

（二）德者，得也。凡得之於天賦者，亦曰德。舉凡物之生命現象、知能、涵養，皆謂之德。孔德是大特徵。因此，在惚恍，窈冥之中，猶能若隱若現，觀照可見。所以嚴復《評點老子道德經》云：「有象之物，方圓是也。有物之物，金石是也。有精之物，草木蟲人是也。」宇宙未演化之前，這些特徵便已存在於道無之中了，所以說：「孔德之容，惟道是從。」

（三）「孔德之容，惟道是從。」王弼注云：「孔，空也。惟以容爲德，然後乃能動作從道。」河上公注云：「孔，大也。有大德之人，無所不容。」如此注文，和以下文義—象、物、精，一點關係也沒有。此蓋王弼，河上公只注意隻字片文之解析，忽略了老子文章章法所致。按本章類屬簡短之說明文。「孔德之容，惟道是從。」謂德由道所出，是一篇之主旨。「道之爲物……其中有信。」乃承題旨之義，論述「容」與道之子母關係。「自古及今……以閱衆甫。」逆述由道可以閱衆甫，說明「容」在道中之義，以回應題旨，作爲一篇之結語。是爲一篇之章法。

（四）精是生命之根源，無疑就是常有了，也是所有生命之大德。常有含藏於常無之中，不僅具有幽微之常性，時機一到，它更能發揮創生的功能。因爲與常無「同謂之玄」，所以只能觀照得之。觀照有方，循「其中有信」便是。李嘉謨說：「有中之有，衆皆以爲有，而不知盡妄也。無中之有，人所不知，而不知其有至眞也。惟其眞而不假，故不以有而存，不以無而亡，是謂之有信。終古不變不易。聖人能觀群有之所由來，以其體於至無，故能觀衆有也。」（見魏源《老子本義》）首章曰：「常有，欲以觀其徼」蓋以無中之有，終古不變不易之故。要之，「體於至無」，才能眞正認識道體。

第二十二章

曲則全（一），枉則直（二），窪則盈，敝則新（三），少則得，多則惑（四）。是以聖人抱一（五）為天下式（六）。不自見（七），故明（八）；不自是（九），故彰（十）；不自伐（十一），故有功；不自矜（十二），故長（十三）。夫唯不爭，故天下莫能與之爭。古之所謂「曲則全」者，豈虛言哉？誠（十四）全而歸之（十五）。

一【註釋】

（一）曲則全：曲：隅。引申有約束，限制之義。全：保全，完整。曲則全，謂委順致理，則常全。

（二）枉則直：枉，遷就。直，伸展。枉則直，謂遷就便能伸展。

（三）敝則新：破敗便能更新。

（四）惑：迷惑，迷亂。

（五）一：均一，均衡。（此爲道無之特徵）

（六）式：準則，典範。

（七）見：現。

（八）明：明顯，昭明。

（九）是：正確。

（十）彰：彰顯。

（十一）伐：誇耀。

（十二）矜：矜持，驕縱。

（十三）長：久。

（十四）誠：眞實不欺。

（十五）全而歸之：保全且民心歸向於他。

二【譯文】

委曲便有得到保全的機會；遷就便有伸展的機會；低窪便有被填滿的機會；破敗便有被更新的機會；量少便有多得的機會；過多了，心便會被迷惑掉。所以聖人，抱持均衡之原則，做為調整天下事物的準則。不自我表現，所以能昭明本質；不自以為是，所以能彰顯己見；不自我誇耀，所以能享有功勞；不自我驕恃，所以地位能長久。只有不與人爭，所以天下沒有人能和他相爭。古人所說的「曲則全」的道理，那裡是虛構的話呢？真的是既保全自身，而且天下人都歸向於他了。

三【提示】

（一）此章老子引述古人名言，說明「均衡」是一種自然的規律，聖人緊守此規律，是其保全之道，與天下歸心之由。

（二）「曲則全，枉則直，窪則盈，敝則新，少則得，多則惑。」一語，旨在說明，任何事情的發展，自然會有相對的一方來對應。知道把握好正負均一的狀態，才能夠真正得到安定。《莊子天下篇》曰：「老子曰：人皆求福，己獨曲求，苟免於咎。」曲求便能均一（衡）安定，故能苟免於咎。求福將破壞均一之態式，多求不免於咎。所以最後那句「少則得，多則惑。」就是在提醒，調整正負向之過程時，要把握均一安定爲要。三十九章曰：「昔之得一者：天得一以清，地得一以寧，神得一以靈，谷得一以盈，萬物得一以生，侯王得一以貞，其致之。」均一是維持常態安定之準則，聖人瞭解這個道理，「是以聖人抱一以爲式」。

（三）不自見，不自是，不自伐，不自矜，自然無所爭競比較，就會與人平等相處。平等，就是均衡之道。也卽五十六章所云：「和其光，同其塵，是謂玄同」之義。玄妙之同，貴在異中取同，是智慧之同，此乃聖人就「無」的觀念，發揮引用到人與人之間的一種行爲哲學。既無所爭競比較，他人也無從與之爭競比較，所以才說，天下莫能與之爭。

（四）「全而歸之」，「全」字是就前人之語而言。得全，當然亦包含了得「直，盈，新」等義。懂得「抱一」者，他能透過隨時的調整，讓生命中，每樣事物都能保持在一個適中的狀態。所以能「曲則全，枉則直，窪則盈，敝則新。」聖人發揮「抱一」之原則，混同世間之差異，使自己安於均衡之境界，物我各得其所，不相衝突。均衡來自於平等心，平等自然不與人爭，天下也無從與之爭了。此所以聖人得天下人「歸之」之緣由。

第二十三章

希言（一）自然。

故飄風（二）不終朝（三），驟雨（四）不終日。孰為此者？天地。天地尚不能久，而況於人乎？

故（五）從事（六）於道者，同（七）於道；德者（八），同於德；失者（九）同於失。同於道者，道亦樂得之（十）；同於德者，德亦樂得之；同於失者，失亦樂得之。

信（十一）不足，焉有不信焉（十二）。

【註釋】

（一）　希言：希少。希言，少言教法令。

（二）飄風：暴起之風。
（三）朝：上午。
（四）驟雨：突然下降之暴雨。
（五）故：若夫，至如，至於。
（六）從事：猶言能爲，能行。《論語泰伯篇》曰：「昔者吾友，嘗從事於斯矣。」
（七）同：認同，認爲是同一的。
（八）德者：此句沿上句之意，省「從事於」三字。下文「失者」同此。
（九）失者：謂所行背離道者。
（十）得之：《說文彳部》曰：「得，行有所㝵也。」得之，謂學得到道。
（十一）信：相信。
（十二）焉：猶者。

二【譯文】

少言教法令，是合于自然的。

所以暴起的風，不會颳整個早上；急暴的雨，不會下一整天的。誰造成飄雨與驟雨的？是天地。天地的暴風急雨尚且不能長久，何況是人的狂暴呢？至於能行道的人，他就會認同於道；能行德的人，他就會認同於德；所行背離道的人，他就會認同於失道。認同道的人，道也在樂中學得到；認同德的人，德也在樂中學得到；認同失道的人，失道也在樂中學得到。

這是信心不足，那裡有不相信道的人。

三【提示】

（一）本章旨在說明，凡不合於自然之道者，皆不耐久。天地如此，人亦如此。至於人之不能行道，實以信心不足，那裡有不相信道者。

（二）飄風，謂暴起之風者。《詩小雅何人斯》曰：「其爲飄風。」（傳）曰：「飄風，暴起之風。」傳意以飄爲飆之假借。《說文風部》曰：「飆，扶搖風也，從風猋聲。」從三犬，有犬走急之義。是以〈九歌〉曰：「猋遠舉兮雲中王。」（注）曰：「猋，疾貌。」飆，《說文風部》曰：「飄，回風也，从風㶾聲。」票義爲火飛，不見暴急之義。飄，韻部爲宵攝，飆韻部爲幽攝，旁轉相通，故可通假。

（三）本章文字雖然簡約，然其結構頗合「起，承，轉，合」之章法。因此，本章先後兩「故」字，其作用便有不同者。按第二節承首節之旨義，以「故」字申結不可違反自然之道要義。第三節卻翻轉第二節文義之絕對性。列述君王之所從事，固有認同道者，卻也有不認同道者。因此本節之「故」字，便已不具申事之功能，不可再譯作「所以」。當以「若夫」，「至如」為義，表示有例外之狀況。

（四）「信不足，焉有不信焉。」此一語旨在為上節文義做結語，說明為何多數領導者不能從事於道；而從事於德，甚或從事於失。二十五章曰：「道法自然。」自然此一原則，空泛而不易掌握。自然之作為何能治國？任誰都無法相信。於是有導之以德治國者，有齊之以刑治國者。同於德者，德亦樂得之，於是德目越來越多，百姓生活越來越不自在。同於失者，失亦樂德之。於是刑名廣備，百姓得小心謹慎應付。偏離「希言—自然」之治道，愈來愈遠，而百姓受到之束縛則與日俱增，能不成為飄風驟雨亦百姓之幸矣。

第二十四章

企（一）者不立（二），跨（三）者不行（四）。自見（五）者不明（六），自是（七）者不彰（八），自伐（九）者無功，自矜（十）者不長（十一）。其在「道」也，曰（十二）餘食贅形（十三），物（十四）或（十五）惡之（十六），故有道者不處（十七）。

一【註釋】

（一）企：舉踵。

（二）立：站立。

（三）跨：《說文足部》曰：「跨，渡也。」無所取義。案跨即夸之假借。《廣雅釋詁》曰：「夸，大也。」跨者，大其步者。

（四）行：行遠。
（五）見：即現，表現。
（六）明：明白，憭解。
（七）是：正確。
（八）彰：明顯。
（九）伐：誇耀。
（十）矜：驕慢。
（十一）長：長久。
（十二）曰：則。
（十三）餘食贅形：喻無價值之物。
（十四）物：人。
（十五）或：猶所。
（十六）之：猶者。
（十七）處：停留。伴留。

二【譯文】

舉起腳跟的人不能久立，跨步走的人不能行遠。自我表現的人，優點不能令人明白；自認爲對的人，不能彰明意見；自我誇耀的人，令人不覺有功勞；自我驕慢的人，名望不會長久。這些行爲，就「道」而言，則是剩飯贅瘤了，是人們所厭惡的東西，所以有「道」的人，不會保留這些東西。

三【提示】

（一）本章旨在強調無爲之重要，提醒人們，刻意做爲，不合於道，必不能長久。

（二）自見，自是，自伐，自矜，是有所爲而爲。目的不外是希望得到他人的認同尊重，惟老子以爲，凡刻意作爲，其行已不合於自然之道，其事必不耐久。是有道者所不爲者。然則當如何而爲才合於道？推老子之意，大概先要養成聖人之才學與品德，而其待人處事，必須謙虛不爭。如此，久之自然而然可以得到「後其身而身先，外其身而身存」之結果。蓋涵養會藉由個人的處事云爲，無形之中散發出來，令周邊之人，有所覺知而樂於親附。此卽老子之無爲而無不爲之義。

（三）企者跨者固求勝人出頭，惟其既違自然之道，且有爭競之意味，其行耗勁，自不耐久。自見，自是，自伐，自矜，雖然意在名位，其爭競之意志，猶似企者與跨者。人們，或有感於遭受壓迫貶抑，而排斥不聽從者。因而耗勁而不能成事。

自見，自是，自伐，自矜之作爲，不僅有失謙抑之原則。其不明，不彰，無功，不長也固其宜也。而且白廢力氣。有道者視之爲餘食贅形，去之猶不及，故不處也。

第二十五章

有物混成（一），先天地生。寂兮寥（二）兮，獨立不改，周行（三）而不殆（四），可以為（五）天下母。吾不知其名，強字（六）之曰「道」，強為之名曰「大」，大曰（七）逝（八），逝曰遠（九），遠曰反（十）。

故（十一）道大，天大，地大，人亦大（十二）。域中有四大，而人居其一焉。人法（十三）地，地法天，天法道，道法自然。

【註釋】

（一）混成：模糊之成物。

（二）寥：空虛。

（三）周行：循環運行。

（四）殆：怠之假借，怠：疲倦。引申有止息之義。

（五）爲：謂。

（六）字：猶名，稱呼。

（七）曰：猶則。

（八）逝：往，運行。

（九）遠：行遠。（形容詞轉動詞用）

（十）反：返之假借。

（十一）故：猶夫，句首發語詞，無義。

（十二）大：偉大。

（十三）法：遵循。於此作，依……爲原則。

二【譯文】

有一樣東西成模糊的狀態，先於天地就生成了。它寂靜的很，又虛無的樣子；它單獨存在，不會改變過，循環運行而不止息，可以說它是天下的根源。我不知道它的名字，勉強給它取個名叫「道」，再勉強為它取名叫「大」。大則運行，運行則行遠，行遠則返歸。

道大，天大，地大，人也大。宇宙中有四大。而人居其中之一。人依循地為原則，地依循天為原則，天依循道為原則，道依循自然為原則。

三【提示】

（一）此章說明道之特質及其運作之規則。並以為自然是道之原則。

（二）「獨立不改。」四十二章曰：「道生一。」因為是唯一，當然是獨立。而其「返化終始不失其常，故曰不改。」（王弼注）不改其常，故為宇宙萬物的共同原理原則。四十章曰：「反者道之動。」循環是道的運動方式。因為「周行不殆。」規律清楚可循，萬物既有不變的原理原則，又有規律的循環可循，於是作息有定，逐日成長，自然能夠「長之，育之，亭之，毒之，養之，覆之。」生息繁榮，綿延不絕。

（三）「強為之名曰大。大曰逝，逝曰遠，遠曰反。」按「大」字不得視為大小之「大」義。大小之「大」與「逝」，並無必然之關係。「名曰大」之

「大」，蓋指道之「能」而言。道本身具有強大之動能，「大曰逝，逝曰遠，遠曰反。」的循環過程，才能無休止的繼續下去。所以，「大」字從「能」義來理解，如此，「大曰逝」之動能，與上句「強爲之名曰大。」在文義上也便有一個合理的連結。

（四）「人亦大。」這個「人」字不會是指一般人。五十七章曰：「人多伎巧。」則王侯亦不可能是這個「人」。「人亦大」之「人」，當是指聖人，即善爲道者而言。五章曰：「天地不仁，以萬物爲芻狗。」又曰：「聖人不仁，以百姓爲芻狗。」聖人法自然而爲無爲，「贊天地之化育，則可以與天地參矣」《禮記中庸文》，「人法地，地法天，天法道，道法自然。」域中有四大，謂聖人居其一，宜也。

第二十六章

重為輕根（一）靜為躁君（二）。

是以聖人終日行不離輜重（三），雖有榮觀（四），燕處（五）超然（六）。奈何萬乘之主（七），而以身輕天下（八）。

輕則失根（九），躁則失君（十）。

【註釋】

（一）根：根本，根基。

（二）君：主宰，領袖。

（三）行不離輜重：行，謂行爲。輜重：靜重。河上公注曰：「輜，靜也。聖人終日行道，不離其靜與重也。」以輜爲靜之誤。靜重相對爲文，與首句文義相符，故從之。

（四）榮觀：榮，《說文》曰：「榮，一曰屋梠之兩頭起者爲榮。」此蓋爲顯貴者之居有之。《荀子大略》曰：「室宮榮與。」注曰：「榮，盛也。」引申有壯麗之義。觀，猶《列子周穆王》曰：「游燕宮觀，恣意所欲。」之宮觀。榮觀，引喻尊榮優渥的生活。

（五）燕處：同燕居，安居。《禮記經解》曰：「其在朝廷，則道仁聖禮義之序；燕處則聽雅頌之音。」以朝廷與燕處對舉，燕處卽平時閒居也。

（六）超然：不受束縛，不沉溺其中之謂。

（七）萬乘之王：謂天子也。《孟子梁惠王上》曰：「萬乘之國，弑其君者，必千乘之家。」注曰：「萬乘，兵車萬乘，謂天子也。」

（八）以身輕天下：以，因也。謂因己身躁動之故，輕率天下事也。

（九）失根：失根本，謂失天下也。

（十）失君：失主宰，謂失君位也。

二【譯文】

重是輕的根本，靜是躁的主宰。

因此，聖人整天行爲不會離失靜與重的原則。雖然享有壯麗的宮觀與優渥的生活環境，日常生活卻不會沉溺其中。

爲什麼做爲天子的人，卻因個人（躁動）之故而輕率天下事。

輕率便會失去根本，躁動便會失去主宰。

三【提示】

（一）此章旨意在言，治天下者，靜與重不可須臾離，可離則不道，不道則將失去天下與君位。

（二）靜和無都是道的特性，在感覺上它們是相當近似的，只是靜可以藉由動態之物體觀察得到，無則無所憑藉。所以老子常常藉由聖人之靜來說明道之作用。靜爲內在之情緒，重爲外在之形容，內靜則外重。所以老子說靜者多，而談重者僅止於此章而已。

（三）行不離輜重，不宜作爲遠行不離輜重釋義之原因，說明如后。

1.《史記淮陰侯傳》曰：「從間路絕其輜重。」此處之輜重，蓋為載器物糧食之車，以為軍事之補給。要知道，凡輜重之啟動，必有監運者隨車而行，聖人為一國之君，作戰時，本不用坐鎮中軍指揮，其行不離輜重又何為？

2.《漢書韓安國傳》曰：「擊輜重。」（注）師古曰：「衣車也。輜為載重物車也，故行者之資，總曰輜重。」輜重既為行者之資：任何行者自當不輕離其資。此固理所當然之事，並非什麼了不起之行誼，值得拿來稱譽一番。

3.輜重為遠行之資，其不遠行則無須輜重？故輜重時而可離，時而不可離。然則輜重之於人生之重要性便非有絕對之必要了。如此輜重一詞，相對於首句「重為輕根，靜為躁君。」之旨趣。便無由相承了。

綜上所述，知輜重一詞無所取義，當非老子本意。河上公注曰：「輜，靜也。聖人終日行道，不離其靜與重也。」張衡（東京賦）引《老子》，直以輜重與遠行無關，即不錄「行」字而曰：「終日不離於輜重。」呂向注曰：

「輜，靜也。言天子行在於安靜遲重。」以輜爲靜之誤，靜與重相對爲文，正與章旨相符。

（四）「奈何萬乘之主，而以身輕天下。」此一詰問句，爲對應上句「雖有榮觀，燕處超然」而設。天下主當以天下爲重，史上所載，有些天下主確實不拿天下當一回事，爲一己之私欲，窮徵暴斂。或過著「游燕宮觀，恣意所欲」的荒唐生活；或不自量力，輕啟戰端，塗炭百姓於不顧。以致國阼易主，改朝換代者有之。萬乘之主，以己之私而輕忽天下之重責，便會有「輕則失根，躁則失君」之結果。

第二十七章

善（一）行無轍跡（二）；善言無瑕謫（三）；善數不用籌策（四）；善閉（五）無關楗（六）而不可開；善結（七）無繩約（八）而不可解。是以聖人常（九）善救人，故無棄人（十）；常善救物，故無棄物。是謂襲明（十一）。

故善人者，不善人之師，不善人者，善人之資（十二）。不貴（十三）其師，不愛其資，雖智大迷（十四），是謂要妙（十五）。

一【註釋】

（一）善：擅長。

（二）轍跡：車軌痕跡。

（三）瑕讁：瑕，《禮記聘義》曰：「瑕不掩瑜。」注：「玉之病也。」讁，本字爲謫。《說文言部》曰：「謫，罰也。」瑕讁引申作缺點，缺失。

（四）籌策：籌，計數用的小竹片。策：古代記大事用的竹片或木片。籌策引申作計數之工具。

（五）閉：關。

（六）關楗：關：機關。楗：門上的木鎖或插管用以扃門的。

（七）結：兩繩相勾聯叫打結。

（八）繩約：以繩捆物打結使之固定。

（九）常：恆常。

（十）棄人：不爲社會所用之人。指無生活技能者。

（十一）襲明：襲：掩蓋。襲明：掩蓋智慧。

（十二）資：運用的材料。

（十三）貴：被看重。

（十四）迷：惑，不明白。

（十五）要妙：要：幽之假借字。要，於聲夭攝，幽，於聲幽攝，夭幽音近相通。《說文幺部》曰：「幽，隱也。」要妙，幽隱之妙，謂無爲也。與襲明之義相應。

二【譯文】

善於行動的，是沒有車軌痕跡的；善於言論的，是沒有缺失的；善於計算的，是不用算具的，善於封閉的，是無需栓梢卻不能夠開啟；善於作結的，是無需繩索束緊，卻不能夠鬆解。此所以聖人常善救助人，所以沒有被遺棄的人；常善於救助物類，所以沒有被廢棄的物類，這叫做隱藏的智慧。所以，善人是不善之人學習的對象，不善之人是善人教導的對象。（聖人）不看重不善之人的學習對象，不愛惜善人教導的對象，雖然是智巧的人也太迷惑不知何以然。這叫幽隱妙絕。

三【提示】

（一）此章旨意在說明「爲無爲」之意義，並謂此乃襲明之作法。襲明之運作，連世俗所謂聰明之人也都大惑不解，是謂此運作是要妙。

（二）「善行無轍跡；……善行無繩約而不可解。」此節卽爲無爲之精妙處。爲無爲非任何事都不用做，而是要能爲若無爲。能爲若無爲，則凡所爲者，「其端兆不可得而見也，其意趣不可得而睹也。」（見十七章王注）不可得而見，不可得而睹，便不會遭遇阻力，百姓在不知不覺間受引領而實踐完成了既定之計畫。所以待「功成事遂，百姓不知其所以然。」（見十七章王注）

（三）「聖人常善救人，故無棄人；常善救物，故無棄物。是謂襲明。」此句話是「善行無轍跡……」一節文字之結語。既然明白爲若無爲，則「聖人常善救人，常善救物」便省去「而救人之方不可知，救物之方不可知」等語，直接以「無棄人」「無棄物」爲結語，單純強調爲無爲之效果。爲若無爲之智慧，貴在能「善」之，意在不使人覺知，故謂其爲「襲明」。

（四）「善人者，不善人之師；不善人者，善人之資。」句中之「善人者」和四十九章之「善者」所指對象不同。善人者，謂有專長之人；善者，謂善良之人。善人者和不善人之師徒關係，在世俗間是頗平常之事。至於善者和不善者，則鮮有師徒授受之關係。四十九章曰：「善者，吾善之；不善者，吾亦善之。」聖人在世，猶有不善者，則之老子亦不期待不善者必然師法聖人而爲善者，然則又何能期其師法善者而遷善改過？善者與不善者既非相師之常態，則善人者及不善人當非指善者與不善者，其義甚明。

（五）官設師職提供百姓學習之需，使得人能盡其才，物能盡其用。一者可以繁榮經濟，二者能夠安定社會，對國君治國多有助益。聖人理應獎勵關注師與資，俾「師」能敬慎其事，而「資」能奮勉於學。但以一元之思維，大道之要，在去健羨，絀聰明，防爭競，不使社會發生對立之現象，俾人人有感於社會價值平等，而能安其業，各樂其生。二章曰：「天下皆知美之爲美，斯惡已；皆知善之爲善，斯不善已。」是以聖人「不貴其師，不愛其資。」實乃循「處無爲之事，行不言之教，萬物作焉而不辭。」（二章文）之義。聖人治國，動合無形，贍足萬物，非一般所謂聰明者能夠明白的，這叫做幽隱之妙。

第二十八章

知其（一）雄（二），守其雌（三），為天下谿（四）。為天下谿，常德（五）不離，復歸於嬰兒（六）。知其白（七）〔守其黑，為天下式。為天下式，常德不忒，復歸於無極。知其榮〕，守其辱（八），為天下谷。為天下谷，常德乃足，復歸於樸（九）。

樸散則為器（十），聖人用（十一）之（十二），則為官長（十三），故大制（十四）不割（十五）。

【註釋】

（一）其：猶夫，語詞。

（二）雄：指雄性之特質，約爲剛強，躁動。

（三）雌：指雌性之特質，約為柔弱，安靜。

（四）谿：《說文谷部》曰：「谿，山𧯷無所通者。」山溝無所通便是窮瀆，可以蓄水，有谷之功能，故從谷。谿從奚聲，按凡從奚聲之字多有小義。若謂小畜之雞，小徑之蹊，豬子之豯，小鼠之鼷，身份低下之女隸（女奴）謂之㜎皆是。谿從奚聲，知其容積必小於谷；故本章老子以谿谷對舉，必先言谿，後言谷，谷大於谿，故也。

（五）常德：天賦之本質。

（六）嬰兒：謂純眞之性。（王注）云：「嬰兒不用智而合自然之智」之義。

（七）白：彰明，顯耀。《荀子儒教》曰：「則貴名白而天下治也。」（注）：「白，明顯貌。」

（八）辱：委屈，晦暗。《儀禮士昏禮》曰：「今吾子辱。」（注）：「以白造緇曰辱。」（疏）：「賓至己們，亦是屈辱，故云以白造緇曰辱也。」造，至，往。

（九）樸：道之特質之一，就其本質而言謂之樸。稱其為道，無，樸，乃方便解說而已。

（十）器：《易繫辭上傳十二章》曰：「形而上者謂之道，形而下者，謂之器。」（王注）曰：「樸，眞也。眞散則百行出，殊類生若器。」承「爲天下谿」，「爲天下谷」之義，知器於此當指衆人，非謂萬物。

（十一）用：行。

（十二）之：指樸。

（十三）官長：百官之長。君王之謂。

（十四）制：《說文刀部》曰：「制，裁也。」裁則分。卽上文所謂之散。

（十五）割：《說文刀部》曰：「割，剝也。」剝則散落，殘破。上言制，故下文以割相承。

二【譯文】

知道雄性剛強躁動的特質，持守雌性柔弱安靜的本質，養成如天下谿般謙下的涵養。養成如天下谿般謙下的涵養，天賦的本質便不會離失，又能夠再回到嬰兒般純眞的狀態。知道榮顯的情況，守住晦暗的情境，養成如天下谷般謙下的涵養。養成如天下谷般謙下的涵養，天賦的本質這才充足。又能夠回歸到眞樸的狀態。

眞樸之道，擴散之後，變成了各類有形的專長者。聖人行樸之治術，便成爲百官之長。所以樸散之後，不會有殘破的現象。

三【提示】

（一）此章旨在言，知守是修己之事，謙下則是待人處事之誼。謙抑之程度，深深影響常德養成深厚與否。聖人常德足，乃能歸於樸，故能以樸濟世，此大制之後，不割之故。

（二）常德卽不變之特質，指的是虛靜。虛靜是生命本體的常態。十六章曰：「歸根曰靜，是謂復命，復命曰常。」所以常德是萬物的根本，是萬物存活之依據。吾人能夠守雌爲天下谿，便可以不離常德，而歸於嬰兒般之純眞—這是修己之極致。至於能夠守辱，爲天下谷，則常德完足，可以回歸於道之樸質，達到聖人之等級，可以濟世救人了。

（三）「樸散則爲器，聖人用之，則爲官長，故大致不割。」由此節文字，便可以竊知老子思想中也是有天下定於一之觀念。蓋當樸散則為器之後，衆人散居各處，倘無統一之領導及法制之規範，難免發生強凌弱，衆凌寡之現象。於是，老子便有「聖人用之，則為官長」的構想，俾在大分散之後，即使小國林立，天下仍然可以在「道」的引導下自然又穩定的繼續發展下去。

（四）「知其白（守起黑，為天下式。為天下式，常德不忒，復歸於無極。知其榮）守其辱」按括符之文字，其文義業已偏離謙抑之章旨，非《老子》之原文甚明。此當是好事者之所為。蓋以不察四十一章有「大白若辱」一句，已取白辱對言之文例。又囿於白黑，榮辱相對應之常例所致。《莊子天下篇》引老聃曰：「知其雄，守其雌，為天下谿；知其白，守其辱，為天下谷。」較之王弼本《老子》，此兩節文字雖有裁省，猶足以證知，當時所見本《老子》之原文即以白辱對言矣。

第二十九章

將欲取天下（一）而（二）為之（三），吾見（四）其（五）不得已（六）。天下神器（七）不可為也，不可執（八）也。為者（九），敗之（十）。執者，失之。〔是以聖人無為，故無敗；無執，故無失。〕（十一）故（十二）物（十三）或行或隨（十四），或歔或吹（十五），或強或羸，或載或隳（十六）。是以聖人去甚，去奢，去泰（十七）。

【註釋】

（一）取天下：取天下人之省文。《說文又部》曰：「取，捕取也。」取天下，謂得天下民心。

（二）而：猶卻。

（三）爲之：爲：作爲。謂政令刑罰等政策性之頒施。之：猶者。爲之：謂作爲者。

（四）見：猶知。《淮南脩務》：「而明不能見者何？」高誘注：「見，猶知也。」

（五）其：指上文之「之」，謂其人。

（六）不得已：得：能。已：也。不得已，謂不能成功。

（七）神器：二十八章曰：「樸散則爲器。」器蓋指天下人。

（八）執：操控，把持。

（九）者：猶則。《論語季氏》曰：「陳力就列，不能者止。」

（十）敗之：敗：戰不勝，事不成皆謂敗。之：猶焉，句末語氣詞。

（十一）（是以聖人無爲，故無敗；無執，故無失。）：此節文字錯置於六十四章文中，今重新迻回本章中。

（十二）故：猶夫，提示之詞。

（十三）物：人。

（十四）或行或隨：或，有，謂有人。行隨對舉，行有走在前端之義，指有膽識之人。隨：跟隨人後者，指無膽識之人。

（十五）或歔或吹：歔同噓。緩緩送氣爲噓。急促送氣爲吹。此句謂人之性子有氣舒緩者，有氣急躁者。

（十六）或載或隳（ㄏㄨㄟ）：隳，段玉裁（注）云：「小篆隓作㒞，隸變作墮，俗作隳。」《說文𨸏部》曰：「隓，敗城𨸏曰隓。」引申作崩落，危殆之義。所以〈河上公注〉曰：「載，安也，隳，危也。」謂人之個性有安穩之人，有不安定之人。

（十七）甚，奢，泰：三字之義相近，皆有極端過分之義。勉強言之：甚，過分；奢：誇大；泰：極度。

二【譯文】

將想得到天下民心，卻有作爲的人，我知道他是不能成功的。天下神妙的大衆，不能對他們有作爲，不能掌控他們的。作爲就會失敗，掌控就會遺失。世上之人，有走在前端者，有跟隨在後者；有性子舒緩者，有性子急躁者；

有身體強壯者，有身體羸弱者；有性子安隱者，有性子不安定者。所以聖人得到天下民心，在於去除一些過分，極端之作爲與事物而已。

三【提示】

（一）此章旨在說明，欲取得天下民心，以政刑管理或掌控管制，皆不能成功，並喻之以爲無爲才是正途。

（二）「是以聖人無爲，故無敗；無執，故無失。」一節文字迻回本章，置於「爲者，敗之；執者，失之。」之後。以聖人之「無爲，故無敗；無執，故無失。」回應上文，「爲者，敗之；執者，失之。」如此，一敍一結，首段之文義結構便更臻於完整了。

（三）王弼曰：「神，無形無方也。器，合成也。無形以合，故謂之神器。」人既擁有道體玄妙之部分，且受之以無形之德，於是，發展成「或行或隨，或歔或吹，或強或羸，或載或隳。」等等之複雜性與差異化。雖然，人還是保有其自然之性。十六章曰：「夫物芸芸，各復歸其根。歸根曰靜，是謂復命。」是以河上公曰：「人乃天下之神物也，神物好靜，不可以有爲治。」

神物好靜，根源於道，故能復命反常。此源自於自然之性，固非人力所能干擾者。所以聖人，去甚、去奢、去泰。

第三十章

以道佐人主者，不以兵強天下，其(一)事(二)好還(三)。師之所處，荊棘生焉(四)，大軍之後，必有凶年。善有果而已(五)，不敢(六)以取強。果而(七)勿矜(八)，果而勿伐(九)，果而勿驕(十)，果而不得已，果而勿強。物壯則老，是謂不道(十一)，不道早已。(十二)

【註釋】

(一) 其：猶且。
(二) 事：兵事。
(三) 還：返。謂還歸於道。回應句首旨意。

（四）焉：於是，於此。爲動詞「生」之補語。指上文之所處。

（五）善有果而已：善：吉，好。果：殺敵致果，謂打勝仗。善有果而已，謂幸好打勝仗罷了。言果，言而已，皆謙虛之意。

（六）敢：俞越以爲敢字爲衍文。惟保留「敢」字，更見謙抑謹愼之意。

（七）而：猶切。

（八）矜：自負其能。

（九）伐：自我誇耀。

（十）驕：自傲其才，瞧不起人。

（十一）不道：不合於道。

（十二）已：結束，謂滅亡。

二【譯文】

用道輔佐人主的人，不會用武力逞強於天下，而且兵事也喜歡回歸於道。軍隊駐留過的地方，荊棘就在該處生長起來了，大的軍事行動過後，接著必定會有荒年。

幸好得勝罷了，不敢因此採取逞強之手段。得勝卻不可以自負其能，得勝卻不可以自誇其功，得勝卻不可以自傲其才，得勝則是不得已，得勝卻不可以逞強。

凡物強壯便會轉而老化，這是不合道，不合道會提早亡滅。

三【提示】

（一）老子反對戰爭，於是藉此章中說以道佐人主者，既不以兵事逞強於天下，而且其用兵也喜歡還歸於道。

（二）每逢戰爭，壯丁都會被征調上戰場。在農業社會之世代，此時必然頓失田力，無法依時耕作。而戰爭期間，雙方軍隊移動與戰鬥，田野中的作物，也免不了遭到摧殘破壞。如此，種植與收成兩皆無著。所以說：「師之所處，荊棘生焉，大軍之後，必有凶年。」聖人之治，首重實其腹，自然不以兵強天下。

（三）有道者不得已而用兵，然後勝敵又曰善有果而已。並一再強調，「果而不以取強，果而勿矜，果而勿伐，果而勿驕，果而不得已，果而勿強。」一皆以謙虛處之，所以謂之爲「其事好還」。還，返也，言返於道之謂也。

（四）「其事好還」註家多數以「還」字作報應解。此殆未能瞭解老子章法所致。按「其事好還」一句文義，上蒙「以道佐人主者」，下啟「善有果」句，前後文理一貫，淸楚可尋，還字絕不可以報應釋之。何況，若因報應才依道行事，此與小兒謹守規矩求免受罰之心態有何差異。王弼註得好，他說：「爲始者，務欲立功生事。而有道者，務欲還反無爲。故云：其事好還。」再讀本章結語，「物壯則老，是謂不道，不道早已。」於是知「其事好還」純以「物壯則老」之故，與言報應實無關係。

第三十一章

夫佳（一）兵者不祥之器，物或惡之（二），故有道者不處（三）。君子居（四）則貴左（五），用兵則貴右。兵者不祥之器，非君子之器。不得已而用之，恬然（六）為上（七）。勝而不美（八），而（九）美之者，是樂殺人。夫樂殺人者，則不可得志（十）於天下矣。

吉事尚（十一）左，凶事尚右。偏將軍居左，上將軍居右。言以喪禮處之（十二）。殺人之（十三）眾，以哀悲泣（十四）之，戰勝以喪禮處之。

一【註釋】

（一）佳：佳爲「唯」字之誤。

（二）物或惡之：物，人。或：猶所。之：猶者。物或惡之，謂人們所厭惡的東西。

（三）處：猶留。

（四）居：起居，謂日常生活。

（五）貴左：謂以左邊之位置爲尊。

（六）恬然：安閒、淸淨的樣子。

（七）上：最好的。

（八）美：稱讚。

（九）而：猶若。

（十）得志：謂遂行其志。

（十一）尙：注重，尊尙。

（十二）處之：處，猶治理，處理。之：指兵事。

（十三）之：語詞，無義。

（十四）泣：蒞之假借字。蒞：面臨、面對。

二【譯文】

兵器是不吉祥的器物，人們所厭惡的東西，所以有道的人不留置它。君子日常生活以左邊爲尊貴，用兵時以右邊爲尊貴，兵器是不吉祥的器物，不是君子之器物。不得已而用到它時，淸淨是最好的心態，克敵致勝，卻不予以稱讚，若稱讚克敵致勝的人，是樂於殺人。樂於殺人的人，便不可能遂行其志於天下了。

吉祥的事尊尚左邊，兇惡的事，尊尚右邊。偏將軍居於左邊，上將軍居於右邊，這是說用喪禮的方式來處理兵事，殺人甚多，以悲哀之心情面對它。戰爭獲勝，也是用喪禮的心態處理它。

三【提示】

（一）此章爲老子厭惡兵器，表明其反對戰爭之立場。

（二）「夫佳兵者」王念孫以爲「佳」字是「唯」字之形誤（見讀書雜誌）。就構句言，下文有「故」字相應，則和「夫唯……是以……」之構句法，取義相同。再者，改作「夫唯兵者不祥之器」，便能與下節「兵者不祥之器」句，主題一致，文理通貫，是以從王說。

（三）六十七章曰：「我有三寶，持而寶之。一曰慈，二曰儉，三曰不敢為天下先。」就三寶而言，兵器之存在毫無意義。何況兵器具有殺傷力，常人得之，容易有恃無恐，忘記危險。不馴者得之，容易助長暴戾氣焰，違法亂紀。因此，就個人而言，兵器確實不是君子之器。

（四）「吉事尚左……戰勝以喪禮處之。」一節文字，乃就第二節文義引申論述，與《老子》一書各章節之寫作方式迥異。後人多有傳抄誤植之說。惟審其文理，猶能發揮加深前文之旨意，以此，後之學者，也未有刪除此節之議。

第三十二章

道常無名樸（一），雖小（二），天下莫能臣（三）也。侯王若能守之，萬物將自賓（四）。天地相合（五）以降甘露。民莫之令（六），而自均（七）。始制（八）有名（九），名亦（十）既有，夫亦將（十一）知止，知止可以不殆（十二）。譬道之在（十三）天下，猶川谷之於江海。

【註釋】

（一）樸：《說文木部》曰：「樸，木素也。」素猶質，以木為質，謂原始本質未曾雕飾之意。

（二）小：謙小。三十四章曰：「萬物恃之而生而不辭，功成不名有，功成不名有，衣養萬物而不爲主，可名於小。」

（三）能臣：使之爲臣，役使之也。

（四）自賓：自退爲賓，稱對方爲主人。

（五）合：調和。

（六）令：言辭指導。

（七）自均：自我均足。

（八）制：裁也，裁則分；分則散。二十八章曰：「樸散則爲器」意同。謂宇宙原始演進分化。

（九）名：名目。本章蓋指政刑之部分。

（十）亦：如。

（十一）將：當。

（十二）殆：危，不安。

（十三）在：於。

二【譯文】

道一直是無名樸質之狀態，雖然謙小，天下沒有可以役使它的。侯王如果能守住道，萬物將會以他爲主人的。天地之氣相調和，因而降下甘露。人民不需要教導，他們卻能夠自我均足。道體開始演進分化，便有名目的命名。名目如果有了，此時當之停止，知道停止，便不會有危殆。譬如道之於天下萬物之情形，如同川谷自動流注於江海一般。

三【提示】

（一）此章言，爲政者當循道之謙小，減少政刑上之各種名目，自然會得到百姓的歸附，不會有政治上之危殆。

（二）道的運作，隱微而不可見。但是它那股潛藏的運力，都時時刻刻推動著天下萬物前進。當時序到來，則「天地相合，以降甘露。」而春夏秋冬，循環無誤，百姓作息以時，「莫之令，而自均。」自然之力，天下萬物只能順勢推進，背離不得。道是宇宙萬物的總原理，是宇宙的本始，雖小，天下莫能臣也。

（三）有名則有分別，有分別則有競爭。行政上為了權責之劃分，於是有尊卑之別，位卑者必會往尊位爭。惟有避免組織過度擴大，立名才能減少。刑罰上，名目過多，也會干擾百姓生活，人或無力應對，恐或鋌而走險，昏亂國家，造成社會不安定。五十七章曰：「朝多利器，國家滋昏。」「法令滋彰，盜賊多有。」是以老子曉諭當權者，「名亦既有，夫亦將知止，知止可以不殆。」

（四）「譬道之在天下，猶川谷之於江海。」蓋謂道與天下，相似於江海與川谷之賓主關係。道之為天下所歸，在於道之謙小。王侯謙小，則不會重己輕民，自以為是，自然沒有掌控百姓之思維。政刑上之名目，亦將知止。於是上下和協國家太平，百姓生活安定。

第三十三章

知人者智，自知者明（一）。
勝人者有力，自勝者強。
知足者富，強行（二）者有志。
不失其所（三）者久，死而（四）不亡（五）者壽。

一【註釋】
（一）明：明鑑，返照之功夫。
（二）強行：強，勉力，努力。強行，勤行。
（三）不失其所：其，稱代詞，自己。不失其所，謂不偏離自己本分。
（四）而：如，若。

（五）亡：失。

二【譯文】

能瞭解別人的人是有智慧的人，能自我瞭解的人是明鑑的人。勝過別人的人是有力量的人，克服自己的人是強韌的人。知足的人是富有的人，勤行的人是有意志力的人。不偏離自己本分的人是活得長久的人，死若不失其年的人是享壽之人。

三【提示】

（一）此章是老子就人的行為方式，列舉他較在意的部分，並就自己的觀點，未置可否，而以一字為之定義。

（二）智慧是指對外物或事理明察的能力。知人為智慧之屬，聖人有智慧是以能使人盡其材，物盡其用。實現其無棄人，無棄物之理想。老子不明言智慧之好處，蓋以智慧用之不當，容易成為攝制人之力量。所以十九章有「絕聖棄智，民利百倍」之說法。何況君王以智治國，百姓也會以小智小慧對應。十八章曰：「慧智出，有大偽。」於是上下交相賊，而國危矣。是以三章才直言：「聖人之治……常使民無知無欲，使夫智者不敢爲也。」品德不好者，智慧便成了巧詐圖利之工具。

（三）自知爲自我明鑑之屬，是自我檢視的功夫。其情形猶如立在鏡前，自我檢視一般。這種自我觀照的功夫，貴能徹底，能徹底，才能明。所以十章曰：「滌除玄覽能無疵乎？」但是「徹底」並非人人都能致及。因此眞能自我明鑑的人便顯得很少了。此究個人之天賦和涵養有關。《中庸》曰：「誠者不勉而中，不思而得，從容中道，聖人也。」總之，盡可能做到眞實無妄，庶幾也可以讓自己近乎自知之明了。

（四）「死而不亡者壽」王弼注云：「雖死而以爲生之道不亡，乃得全其壽。身沒而道猶存，況身存而道不卒乎？」王弼此段文字說明似是而非。按「爲生之道」即謀生之方式，就老子之意，「抱一以爲式」便是了。自然無爲之道，是萬物始生之前已既有，萬物既亡之後，仍猶存之物。人之身存身亡它如實存在，絲毫未有亡失，且人之身沒能存者，唯有德而已。五十四章曰：「善建者不拔，善抱者不脫，子孫以祭祀不輟。」這種德必須能夠流傳後世子孫，才能享祀不輟。老子在此章但言享祀而已，並不稱此爲壽。按壽應該是針對自己而言，不論自己之生命週期有多長，能夠平平安安的到達生命終點，就一己而言，就是完整無缺的人生，便是享壽者了。由「死而不亡者壽」一語，再對照五十章文，老子不贊同「出生入死」與「人之生，動之死地」之作爲者，便知老子是位眞正重視個人生命價值的人。亂擲生命，實在是罪過。

第三十四章

大道氾(一)兮，其(二)可左右(三)。萬物恃(四)之而生而不辭(五)，功成不名有(六)。衣養萬物而不為主(七)，〔常無欲〕(八)，可名於(九)小(十)；萬物歸焉(十一)而不為主，可名為大(十二)。以(十三)其終不自為大，故能成其大。

【註釋】

(一)　氾：大水漫溢。

(二)　其：猶而。《楚辭．九章》：「山蕭條而無獸兮，野寂寞其無人。」而與其互文。

（三）可左右：可左可右之省文，謂到處都是。
（四）恃：仰仗，依賴。
（五）辭：言說。不辭，謂不言說；引申作不干預。
（六）名有：稱有功勞。
（七）主：主宰。掌控。
（八）〔常無欲〕：按本節上下文是以層遞關係構成之複句，〔常無欲〕三字置於句中，反而破壞文理之單純性，故知〔常無欲〕當是傳抄誤增者，當刪。
（九）於：猶爲。「於」字與下文「可名爲大」之「爲」字互文。
（十）小：謂以微小自居；有謙虛之意。與下文「大」對稱，故稱「小」。
（十一）歸焉：歸附於它。焉：大道。
（十二）大：偉大。
（十三）以：因。

二【譯文】

大道運行，如河水漫溢般，兩岸到處都是。萬物依賴它生存，卻不加干涉；事功完成，卻不覺得有什麼功勞。照護養活萬物，卻不做爲其主宰，可稱之爲謙小；萬物都歸附於它，卻不爲其主宰，可以稱之爲偉大。因爲道一直不自以爲偉大，所以能夠成就它的偉大。

三【提示】

（一）此章言道之偉大，在於它的謙虛與不爭之故。

（二）大道普博，宇宙萬物無不得其生養之益。道之原則是自然，所以，萬物恃之而生而不辭；功成不名有。其衣養萬物而不爲主宰者，這是不求回報之心態。此一心態，就道「氾兮」的能力而言，祇能偁之爲謙小了。至於萬物歸焉而不爲主，以萬衆一心，自動來歸之勢，猶能堅不爲其主，此則眞氣度，可以偁之爲偉大了。偉大不是求就有得的，偉大是因爲能照護好衆生，又能任其自然，擁有所謂玄德者。（參看五十一章）

第三十五章

執大象（一），天下往（二）。往而（三）不害（四），安（五）平太（六）。樂與餌（七），過客止（八）。道之出口（九），淡乎其（十）無味。視之（十一）不足見；聽之不足聞；用之不足既（十二）。

【註釋】

（一）大象：象為像之假借。《易繫辭下傳》曰：「象也者，像也。」像即形象，特徵。道大不可知，其像為無，大象謂無也。

（二）往：歸往。謂歸從為民。

（三）而：猶且。

（四）不害：不妨。《漢書董仲舒傳》曰：「賢材雖未久，不害為輔佐。」師古曰：「害，妨也。」

（五）安：猶乃。於是。（見王引之《經傳釋詞》）

（六）平太：即太平。太，害叶韻之故。

（七）餌：喻美食。

（八）止：留。

（九）出口：謂說出來。

（十）其：猶若。

（十一）之：猶則。下聽之，用之同此。

（十二）既：猶終，有窮盡之義。

二【譯文】

君主能夠掌握住道的大特徵—無，天下人都會歸往爲他的人民的。歸往而且不妨害人民，於是上下和平安定。

音樂和美食，能令過路的客人停留下來。道由口中說出來，平淡得若無滋味。道這個東西，看則不能夠看到，聽則不能夠聽到，作用起來，則不能夠窮盡。

三【提示】

（一）此章謂道無之作用無窮。理論上，道無好像沒有什麼特別引人注意之處，眞正運作起來，卻能令天下太平，而且垂之久遠而不絕。

（二）首句謂「執大象，天下往。」何不直言「執大道，天下往。」蓋道大不可執，執其大象，若執道也。「無」爲衆妙之門，是爲道之大象也。「執大象，天下往。」猶四十八章曰：「取天下常以無事。」五十六章曰：「以無事取天下」之義相同。「無事」殆也道之大象之原則。而謂大象可執者，見之三十二章曰：「道常無，名樸，雖小，天下莫能臣也。侯王若能守之，萬物將自賓。」三十七章曰：「道常無爲而無不爲，侯王若能守之，萬物將自化。」道大固不可執，然「無」爲道之大象，侯王旣可守之，故知其可執也。

（三）樂與餌，可藉由口耳感受其美好，此所以音樂與美食容易引人賞心駐足之故。道則爲無狀之狀，無物之象（見十四章），玄之又玄（見一章），抽象而難以致知。若非對於形上學有興趣，思欲進一步探索者，否則，欲人藉由觀照以憭解道之運作，則有不可能者。道之平淡無味，留不住人心，故而眞能執大象者，也就微乎其微了。

第三十六章

將欲歙（一）之（二），必固（三）張之（四）；將欲弱之，必固強之；將欲廢之，必固與之；將欲奪之，必固與之，是謂（五）微明（六）。

柔弱勝剛強，魚不可脫於淵，國之利器（七）不可以示（八）人。

【註釋】

（一）歙（ㄒㄧ）：歛。

（二）之：猶「者」。《漢書劉歆傳》：「傳聞之，親見之，其詳略不同。」「之」，「者」同口語之「的」。

（三）固：《正字通》：「固，本然之辭。」《孟子告子上》：「仁義禮智，非由外鑠我也，我固有之也。」「固」，猶口語之「本來」，「原本」。

（四）之：同（二）。

（五）謂：猶「爲」。

（六）微明：《說文彳部》曰：「微，隱行也。」《釋詁》曰：「微，匿也。」微明，卽隱匿之智慧。

（七）利器：利器，謂銳利之器。國之利器，指刑罰言。

（八）示：告知。

二【譯文】

將要收斂的，必定是原本已擴張了的；將要削弱的，必定是原本已強大了的；將要廢除的，必定是原本已興盛了的；將要收取的，必定是原本已給與了的，這是看不見的智慧。

柔弱優於剛強，魚兒不可脫離深淵，刑罰不可以昭示於人民。

三【提示】

（一）此章是老子敍述其對自然之道的觀察心得，以爲「物壯則老，謂之不道，不道早已。」並藉此引爲有國者當以清靜無爲爲戒。

（二）凡一物步入衰亡之運，都有其徵兆可稽。總之不離違背自然之道，思欲有所作爲之故。吾人一旦啟心動念，鮮有不以行動隨之者。所謂「必固張之，必固強之，必固興之，必固與之。」皆非他力之所爲，實乃任其一己思維所致。於是膨脹自己，無視阻礙。以致步上剛強之路。當自我發展超過極限，而無力掌控時，便逐漸步入自我消亡之途。史上霸權之由興而衰，其過程莫不如是。此種放任違反自然原則之物，令其自我耗損之作法，稱之爲「微明」。微明者，乃自然幽隱之智慧。因爲有這種幽隱的智慧，於是有「弱者道之用」的表現方式。本章第一節所述文字，正是柔弱勝剛強最佳的示範了。

（三）「將欲歙之，必固張之；將欲弱之，必固強之；將欲廢之，必固興之；將欲奪之，必固與之。」爲四句因果關係之複句，聯合組成之排比句。雖然主語省略去了，但是由「微明」兩字推知，主語當是「自然之道」。蓋凡物至極頂，則必敗亡，此乃自然之律。因果關係構成之複句，一般而言，原因句在前，結果句在後，並在結果句上加個關係詞「故」字以爲連接。本文則相反，結果句「將欲歙之」在前，而原因句「固張之」在後，並在原因句前置一「必」字作爲關係詞，有事後推定前因之意。

（四）「柔弱勝剛強」絕不可誤以爲柔弱之人可以戰勝剛強之人。「柔弱勝剛強」一語，用在人事上，是指個人任事的一種心理與態度。四十章曰：「弱者道之用」。因其弱，跡近於無，故吾人無法感知自身隨時都在道的運作之中。此卽三十七章曰：「道常無爲而無不爲」之義。以是乃謂柔弱之方式，優於剛強之方式，以其功成於無形之故。「張，強，興，與」之發展，都是取向於剛強之作爲。五十五章曰：「益生曰祥，心使氣曰強，物壯則老，謂之不道，不道早已」柔弱爲道之用，人一離道，猶魚之脫於淵，其亡必矣。

（五）「國之利器不可以示人」句，上承「魚不可脫於淵」之義而發。審老子之意，此「國之利器」必有不合於道者，用之則或利於國，乃謂不可以示人。

因此，國之利器當不得以利國之器釋之。利器之「利」，宜從銳利一義視之。凡銳利之器必有殺傷之力，國之利器則莫如刑罰。蓋一國之刑罰致於百姓，其殺傷之力，殆亦不亞於銳利之器。故老子以利器喻之，意在見其傷殘人命之威力。刑罰之頒訂，出自人爲，既不合於道之無爲，其剛厲之氣也背離以柔弱爲用之道。老子乃諭有國者，守道當如魚不可脫於淵之義。並希冀其深體把握「微明」之要妙，處無爲之事，行不言之教，去除立刑以正厲百姓之思維，此則「國之利器不可以示人」之本義。

第三十七章

道常無為而無不為，侯王若能守之（一），萬物將自化（二）。化而欲作（三），吾（四）將鎮（五）之以無名之樸（六），〔無名之樸〕（七），夫亦將（八）無欲。不欲以（九）靜，天下將自定。

一【註釋】

（一）之：謂道。

（二）自化：自我化育成長。

（三）作：興，生起。

（四）吾：我們。此章旨在曉諭侯王，吾字當爲衆侯王之稱，非老子自稱。

（五）鎮：安定，穩住。

（六）無名之樸：道之特質之一。三十二章曰：「道常無名樸。」

（七）〔無名之樸〕：此為衍上重出之文。

（八）將：當，宜。

（九）以：則，便。

二【譯文】

道一直像是無什麼作為，卻沒有一件事情它不能為的，侯王假如能守住道的要旨，萬物將自我化育成長。自我化育成長之後，若貪欲興起，我們將用無名的樸的方式來穩住他們，〔無名之樸〕。這個時候也應該看不出貪欲了。不見貪欲，便能安靜，天下就自然穩定下來了。

三【提示】

（一）此章旨在告訴侯王，無為而無不為之運用。

（二）無為一則強調任自然，是以萬物在不受干擾下，能夠自我化育成長。一則是要能把握作為之先機。六十三章曰：「天下難事，必作於易；天下大事，必作於細。」六十四章曰：「為之於未有，治之於未亂。」所以，當萬物化而欲作，便宜當機立斷，鎮之以無名之樸，使之無欲。不欲以靜，天下將自定。此則無爲而無不爲之要義。

（三）「吾將鎮之以無名之樸」。無名之樸，非實有的律令，法條，有直接干涉的功效。且樸又有謙小的特質，任萬物於自然之原則。所謂「無名之樸」所指何事？以樸之特質，運用於人世之表現，應該是平凡又不起眼的方式，三章曰：「不尚賢，使民不爭；不貴難得之貨，使民不爲盜；不見可欲，使民心不亂。」如此樸實無華，自我以身作則的領導方式，可以說是最符合「無名之樸」之義了。百姓自然而然能不欲以靜，天下也將自定。

第三十八章

上德不德（一），是以有德；下德不失德（二），是以無德。上德無為（三）而無以為（四）；下德為之，而有以為（五）。上仁為之，而無以為；上義為之，而有以為；上禮為之，而莫之應（六），則攘臂（七）而扔（八）之。故（九）失道而後德，失德而後仁，失仁而後義，失義而後禮。夫禮者，忠信之（十）薄而亂之首。前識者（十一），道之華（十二），而愚之始。是以大丈夫（十三）處其（十四）厚，不居其薄，處其實，不居其華，故云去彼取此（十五）。

【註釋】

（一）不德：不顯其德。無執故也。
（二）不失德：不失去德。有執者也。
（三）無為：順任自然而為，人不明其所為，故曰無為。
（四）無以為：無以為，為之省文。
（五）有以為：有以為，為之省文。
（六）應：答。回應。
（七）攘臂：攘《說文手部》曰：「攘，推也。」攘臂：向前推臂，伸出手臂。
（八）扔之：《說文手部》曰：「扔，捆也。」又「捆，就也。」扔之，使之就從。
（九）故：所以。
（十）之：猶己。
（十一）前識者：上述所記諸事。指仁，義，禮諸下德。識：記。
（十二）華：花。謂其絢麗之外表，喻其不合道。

（十三）大丈夫：謂有理想者。
（十四）其：助詞，無義。
（十五）去彼取此：去下德，取上德。

二【譯文】

上德之人，不顯其德，是以有德；下德之人，執守德不使疏失，是以無德。上德之人，順任自然而爲，而且不認爲自己做了什麼事；下德之人，有心行德，而且認爲自己做了某事。

上仁之人，有心行仁，卻不認爲自己做了什麼事；上義之人，有心行義，而且認爲自己行義；上禮之人，有心行禮，若沒有得到回應，便會伸出手臂，而後使人就從。

所以，失去了道，而後才有德的提倡；失去了德，才有仁的提倡；失去仁之後，才有義的提倡；失去義之後，才有禮的提倡。禮這回事，是忠信已經澆薄，而且是禍亂的開端。

前面所記（標識）的仁義禮這些東西，可以說是道的絢麗外表，而且是愚昧的開端。是以大丈夫他們宅心敦厚，不居澆薄；爲人篤實，不居虛華。所以說，拋棄虛華的外表，修得眞實的道。

三【提示】

（一）老子認爲只有上德者能夠與道同行，能夠任其自然，爲而無爲。故大丈夫修道當取上德而棄下德。

（二）本章結構類似說明文體例，首節點題，以上德合道，優於下德爲一篇之題旨。其次申述仁義禮等下德者，其不合道之情形。末了直指仁義禮爲道之華而愚之始。於是，綜結文義，謂大丈夫立身處世，當取上德而去下德，以此回應題旨。

（三）上德者，不顯其德，非其德不顯，蓋以其思慮云爲皆在德中，不求有德，不爲德所執，而能爲而無爲，是以謂其有德。下德者，但不失德而已。蓋以其心爲求在德中，而爲德所執，雖不失德，然不能爲而無爲，是以謂其無德。下德之中，上仁之爲，雖緣自於其愛心，猶不免「爲」之，故老子列其爲下德之首。

（四）「前識者」；識，記也。《周禮春宮保章氏》云：「以志星辰日月之變。」注：「志，古文識。識，記也。」《漢書匈奴傳》云：「以計識其人衆畜牧。」注：「師古曰：識亦記也。」是識有記錄，記載之義。故知，「前識者」乃謂其前所記述者，蓋指仁義禮而言。謂仁義禮爲道之華，猶十九章之言：「絕仁義……以爲文不足。」以仁義等爲文不足，猶且爲之，不亦愚之始乎？是以謂大丈夫不爲也。

第三十九章

昔之得（一）一（二）者：天得一以（三）清，地得一以寧，神得一以靈，谷得一以盈，萬物得一以生，侯王得一以為天下貞（四），其致之（五）。

天無以（六）清，將恐裂（七）；地無以寧，將恐發（八）；神無以靈，將恐歇（九）；谷無以盈，將恐竭；萬物無以生，將恐滅；侯王無以貴高，將恐蹶（十）。

故貴（十一）以賤為本，高以下為基。是以侯王自謂孤寡不穀（十二），此非以賤為本邪？非乎？

人之所惡，唯孤寡不穀，而（十三）王公以為稱。故（十四）物（十五）或損之而益，或益之而損。故致（十六）數（十七）輿（十八）無輿，不欲琭琭（十九）如玉，珞珞（二十）如石。

【註釋】

（一）得：能。

（二）一：均衡。

（三）以：因而。

（四）貞：正。《說文貝部》曰：「貞，卜問也。」貞，正韻部同屬嬰攝。故可相假。《禮記緇衣》曰：「章志貞教。」注：「貞，正也。」《廣雅釋詁一》：「正，君也。」

（五）其致之：他們達到了。

（六）無以：無法。

（七）裂：分裂。

（八）發：《說文弓部》曰：「發，䠶發也。」無所取義。劉師培云：「發，讀音爲廢。」發廢古音同屬非紐，入聲阿攝。同音故可通假。《說文廣部》曰：「廢，屋頓也。」引申凡傾圮、傾倒皆曰廢。

（九）歇：休止，消失，匿跡。

（十）蹶：跌倒，顛覆。

（十一）故：猶夫。

（十二）不穀：不善。《禮記曲禮》曰：「於內自稱曰不穀。」在國內對人民自稱。

（十三）而：然。

（十四）故：猶夫。

（十五）物：人。

（十六）致：至之假借。最好。

（十七）數：衍文，當刪。

（十八）輿：譽之誤。《莊子至樂》曰：「故曰：『至譽無譽。』」

（十九）琭琭：玉美貌（高亨說）。喻珍貴。

二【譯文】

（二十）珞珞：石惡貌（高亨說）。喻低賤。

過去得到均衡的：天得到均衡，因而清朗；地得到均衡，因而寧靜；神得到均衡，因而顯靈；谷得到均衡，因而滿盈；萬物得到均衡，因而活下來；侯王得到均衡，因而成為天下人的君主。他們都達到了。

天無法晴朗，恐怕會崩裂；地無法寧靜，恐怕會傾圮；神無法顯靈，恐怕會消失；谷無法滿盈，恐怕會乾涸；萬物無法生存，恐怕會滅絕；侯王無法貴高，恐怕會顛覆。

要知道，貴以賤為根本，高以下為基礎。因此侯王自稱孤寡不穀，這不是以賤為根本嗎？不是嗎？

人們厭惡的東西，正是孤寡不穀，然而王公用來稱呼自己。要知道，人有時候貶損自己，反而利益自己。有時候增益自己，反而貶損自己。所以，最好的名譽，是無名譽，不想要珍貴如玉，或低賤如石那種稱譽了。

三【提示】

（一）此章旨在言宇宙致「均衡」之重要。

（二）「均衡」是宇宙萬物穩定的基礎。一旦失去「均衡」，內部輕重傾圮，任何個體都不得安定，一如本章所列述者。就人而言，內心不均衡，將會影響思考的公平。所以十章曰：「載營魄抱一，能無離乎。」意在提醒，內心保持均衡，不宜爲外物影響。四十二章曰：「萬物負陰而抱陽，沖氣以爲和。」「和」卽均衡之現象。說明生理上不均衡，將會影響個體的健康。若王公以貴高之地位，自稱孤寡不穀，因非關自謙。實以理解，「貴以賤爲本，高以下爲基」均衡之重要，乃取人之所惡以爲稱，以平衡貴高之地位。於是，侯王依舊貴高其位，而無須擔心崩蹶；百姓安然在野，事其耕陶，而不以爲賤。二十二章曰：「聖人抱一以爲天下式。不自見，故明；不自是，故彰；不自伐，故有功；不自矜，故長。」此所謂「曲則全」者，非均衡之道而爲何？所以說：「物或損之而益，或益之而損。」要之，不出「均衡」之理。

（三）「人之所惡，唯孤寡不穀，而王公以爲稱。故物或損之而益，或益之而損。」以上文字誤置於四十二章中，今移置於「非乎」之下。「故致數輿無輿」之上。於是全章文義，先後相貫綿密，說理層遞有序矣。

（四）「貴以賤爲本，高以下爲基。」蓋貴賤高下，相互依存，社會價值一律平等。老子以爲如此之價值觀，是社會自然穩定發展的因素。「譽」不論好壞，都會破壞此種平等觀，造成爭競比較的現象。所以三章曰：「不尚賢，使民不爭。」況世俗之「譽」常常伴隨著利益關係。名實不符者多。常有眼前譽之而背後謗之者。是以知者不欲「琭琭如玉，珞珞如石。」蓋貴賤之譽皆失「均衡之道。」於是處人群之中，則「挫其銳，解其分，和其光，同其塵。」人們但知有其人，而毀譽卻不及其身。故耳自由自在，而爲天下貴。此卽「至譽無譽」之義。「至譽無譽」，《莊子至樂》以至譽不足以活身，莫若無譽爲訓。說甚鄙俗，不知《老子》之論。該篇文字當非傳自莊子可知。

第四十章

反者(一)道之動(二)；弱(三)者道之用(四)。天下萬物生於有，有生於無。

【註釋】

(一)反者：《說文又部》曰：「反，覆也。」覆與復同。《釋文》：「還，復，返也。」反即返之初文。還繞，循還之義。今人還繞字做環。者，語助詞。

(二)動：運動，活動。

(三)弱：柔弱。三十六章：「柔弱勝剛強。」

(四)用：作用，運作。

二【譯文】

循環是道的運動方式；柔弱是道的運作方式。

天下萬物生於有，有生於無。

三【提示】

（一）此章係老子敘述道的運作方式，及其演化過程。

（二）道不動，宇宙便無由生成。道的動，若沒有規律，生物便無從依據，不可能存活。此卽道必須以循環的方式運動的緣故。而且循環運動，可以永遠免去滿溢之弊。地球上品庶衆生，循著道的規律運動，也各自發展出自己的生命規律，於是造就了現今地球豐富而多樣化的規模。

規律固然必要，作用於循環的強度速率也必須和緩，如此，所有的生命體才有足夠的時間，從容不迫的發育成長。這就是「弱者，道之用。」之重要性。

（三）「天下萬物生於有，有，生於無。」這是說，所有的生物都是由「常有」演生出來的。蓋唯有「常有」能夠賦予萬物生命現象，「常無」則否。惟「常有」必須演生自「常無」，才能擁有「無」的特質。卽首章所謂之玄。「常無」與「常有」的關係，若以人事爲喻；「常無」如父，「常有」如子。爲父者開闢廣大之莊園，而後其子在莊園部分地區繁殖生物。於是，物類從此發展，生生不息。老子的宇宙演化過程，大略如是。

（四）推測老子的宇宙觀，老子或以爲宇宙是獨一無二之龐然大物，整個空間都是它。因此，宇宙便沒有前進後退之可能。宇宙不運動，就會成爲死寂狀態。如此，宇宙生成卽無意義。是以循環是宇宙唯一的運動方式。循環有兩種方式，一類是在原地作旋轉運動。此類運動或可以保持宇宙之狀貌，卻失去創新之機能。這顯然不是老子所主張者。第二類是膨脹收縮之方式。此爲老子所主張者。二十五章曰：「有物混成，先天地生，寂兮寥兮，獨立不改，周行不殆，可以爲天下母。吾不知其名，字之曰道；強爲之名曰大。大曰逝，逝曰遠，遠曰反。」逝卽膨脹，遠卽擴張，反卽收縮。宇宙一直是不斷的重複這種往返歷程。宇宙每經歷一次往返，便經歷一次更新。是以宇宙能夠免於老化崩解，又能維持它既有的能量與活力。

第四十一章

上士聞道，勤而行之；中士聞道，若存若亡（一）；下士聞道，大笑之，不笑不足以為道。故建言（二）有之（三）：明道若昧（四）；進道若退；夷道若纇（五）。上德若谷，〔大白若辱〕（六），廣德（七）若不足，建德（八）若偷（九）。〔質真若渝〕（十），大方無隅（十一），大器晚成，大音希聲（十二），大象無形。道隱（十三）無名，夫唯道，善貸（十四）且成（十五）。

【註釋】

（一）若存若亡：謂半信半疑。

（二）故建言：樹立名言。故猶夫，語詞無義。
（三）之：言之代詞。
（四）昧：昏暗不明。道隱之故。
（五）纇：《說文糸部》曰：「纇，絲節也，從糸纇聲。」《通俗文》曰：「多節曰纇。」多節則不平。
（六）大白若辱：他章迻入之文。
（七）廣德：廣求多德者。
（八）建德：樹立德行者。
（九）偷：苟且，怠惰。
（十）質眞若渝：一句，蓋爲淺人所加，請參看提示（三）。
（十一）隅：角。
（十二）希聲：少有之聲音。
（十三）隱：幽微不明。
（十四）貸：《說文貝部》曰：「貸，施也。」

（十五）成：成就。

二【譯文】

上士聽了道，便盡力修練，同時力行；中士聽了道，好像記住了，又好像忘了；下士聽了道，大笑道，不笑不足以稱爲道了。

樹立的名言有這樣的話：明顯的道，好似昏昧不明；前進的道，好似退縮不前；平坦的道，好似高低不平。

上德者，好似深谷般的虛空低下；廣德者，好似不足夠的樣子；建德者，好似怠惰樣子。

大的方形，看不到它的夬角；大的器物很晚才能完成；大的聲響，是少能聽到它的聲音；大的形象，看不出它的形狀。

大道隱微沒有辦法稱呼其名，惟有道善於施與並且善於有成就。

三【提示】

（一）本章謂道體幽隱又無名，由於它很容易獲得，而且有成就，一般人對於道反而疑惑不信，只有上等資質的人，才能領受而去實踐。

（二）道是很平易近人的，只因爲隱微而不易掌握。不能立竿見影，內心便有所顧慮，便不易從容入道，於是不修道者衆。至於有心修道者，其修習方向又常受其資質差異之影響，成就不一，予人感覺亦有不同。於是上德者若谷；廣德者若不足；建德者若偷。二十八章曰：「爲天下谷，常德乃足，復歸於樸。」所以，其中只有上德者能夠與道合一，是老子認可的。至如廣德者，由於不知「爲道日損」之要領，以爲多多益善，才令人有似若不足的感覺。而建德者，又過於簡略，執一德以終，顯得有點怠惰的樣子。何況常德非由建而得之，返道歸樸才是正途。所以，老子在二十三章說，這些人是「信不足焉」者。而在三十八章甚至直指他們是「下德不失德，是以無德」者。這些人剛好與道擦邊而過，實爲可惜。所以，修道也是要謹愼小心。

（三）本章之「大白若辱」句，可以淸楚是題外話，殆爲他章滲入之文。而「質眞若渝」一句，當是淺人所加。對照上節老子敍述「道」的修辭法，則知本節敍述修道者之容儀，亦當以排比疊敍的方式論述之。卽前節三句言道，本節亦當以三句言修德者。就文理一致之觀點言之，「質眞若渝」則爲多餘之贅句。再就文義取向論之。上德若谷；廣德若不足；建德若偷，三句一式皆以相類取譬。而「質眞若渝」，猶如「實若虛」之以文義相反爲譬。與老子之本意相背，可謂失之不察。此蓋不懂老子之筆法，乃有以此取義相反的文句橫加在老子的篇章裡。七十一章曰：「不知，知，病！」此之謂乎？

（四）東西一旦「大」，量度便不容易。於是有「大方無隅，大器晚成，大音希聲，大象無形」等現象，老子思想中的「道」，更是超極無量的大。它到底是什麼樣子，以人類渺小的能力，根本無從量度它。它是宇宙的本體，具有普遍性，且無所不在，很容易被忽略而不能覺知。所以，才說「明道若昧」。

（五）四十章曰：「天下萬物，生於有，有生於無。」道的隱微，是因爲天下萬物都具有道的一體，道就在天下萬物之個體中。所以《莊子知北遊》中，莊子再回答東郭子之問才會說：道「無所不在」，「在螻蟻」、「在瓦甓」、「在屎溺」。天下萬物既生於道，又得到道所賦予之德。於是隨著道的循環運作，生息發展，而不覺其所以然，竟以爲是「我自然」。此即道「善貸且成」之功。善貸，謂其所施幽妙又不落空；善成，謂其成就萬物，成就自己。此之謂「玄德」。

第四十二章

道生(一)一(二)，一生(三)二(四)，二生三(五)，三生萬物(六)。萬物負陰(七)而抱陽(八)，沖(九)氣以為和(十)。

一【註釋】

(一) 道生：二十五章曰：「強字之曰道。」道爲抽象之名，固無生化之能力。「生」字但爲方便講述之詞耳。

(二) 一：謂無。無爲宇宙獨一。

(三) 生：演生。

(四) 二：謂天地。首章曰：「無，名天地之始。」二十五章曰：「有物混成，先天地生。」

（五）三：謂天、地、有。

（六）三生萬物：首章曰：「有，名萬物之母。」「天地」爲萬物生存之場域，三者齊備，萬物生焉。

（七）負陰：背後爲陰氣。

（八）抱陽：胸前爲陽氣。

（九）沖：激盪。《說文水部》曰：「沖，涌繇也。」（段注）：「繇搖，古今字。涌，上涌也，搖，旁搖也。」

（十）和：調和，均衡。

二【譯文】

道是獨生的無。唯一的無，演生天與地二者；天與地二者之後，再演生成爲天地有三者；天地有之後，再演生萬物。

萬物身上，背後有陰氣，胸前有陽氣，兩氣激盪，成爲調和狀態。

三【提示】

（一）本章概略說明宇宙演生之順序，及萬物身體需是陰陽兩氣維持在調和（均衡）之狀態。

（二）就老子之想法，無是宇宙唯一之本體。從這個本體，演化成宇宙萬象。道只是個抽象之名，無才是道之具體。因此，道生一便不能照著字面翻譯，勉強譯之爲道是宇宙獨生的一個無。蓋吾人對於道，大多存有理想式的概念。至於「無」，多半限於有無之觀念而已。雖然「無」是衆妙之門，老子猶不得，必或言道，而時或言無之故。

（三）首章曰：「無，名天地之始。」此卽一生二之所本。天地必早於萬物生成，萬物才有所附麗。所以《易序卦》曰：「有天地，然後有萬物。」四十章曰：「天下萬物生於有，有生於無。」蓋萬物有生命，必待「有」之生而後生。於是二生三矣。「有」生萬物，而天地廣闊之空間，任萬物生養其間，於是三生萬物矣。宇宙之營造工程，於是乎完成。

（四）「萬物負陰而抱陽，沖氣以爲和。」由「負」，「抱」兩字，可知陰陽是附於萬物體表之兩氣。陰陽兩氣經過激盪調和，達到均衡狀態，身體才能稱得上健康。大概老子之前的世代，此種醫學理論便已存在很久了，老子只是順便援引其說，證明他「無」之均衡原則而已。這也可能，《老子》書中，提到陰陽就這麼一次的緣故了。

（五）此章爲《老子》全書提及「陰陽」唯一之一章。按老子宇宙演生之歷程，是以道、無、有、萬物，相承建構而成。陰陽兩氣不在此建構之中。首章曰：「無，名天地之始；有，名萬物之母。」知「有」爲萬物之所出。四十章曰：「萬物生於有，有生於無。」知「有」必須透過「無」而生，乃能與「無」共同生化萬物。此二章於四十二章前業已先作伏筆了。四十二章才能方便說法，略以一、二、三、萬物帶過，陰陽固不在此建構中甚明。

再者，老子爲一元思想者，他反對對立的現象。蓋對比會造成競爭與不安。此於第二章文意已經說得夠清楚了。是以聖人也要「處無爲之事，行不言之教，萬物作焉而不辭。」一再再都是在避免對立的發生。最後還說，「夫唯弗居，是以不去。」蓋功勞與大家分享，自己的那一份當然也保住了。一元領導之下，大家無分別，人人皆平等。

執持陰陽說者，是以一生二之二解作二元之「陰陽」兩氣，而二生三之三，解作三元之「陰陽和」三氣。如此之論述，豈不將老子之宇宙論與一元思想全部都推翻了。「陰陽」之說既不可通，而欲將之強加於老子思想中，終究無法自圓其說。細究註解文字，卽便望文生義，創造了「和氣」一詞，以附和其說，猶不免含糊其辭，言不能盡理了。

第四十三章

天下之至柔（一），馳騁（二）天下之至堅；無有（三）入無間（四）。吾是以知無為（五）之有益。不言之教（六），無為之益，天下希及之（七）！

【註釋】

（一）至柔：至，極也。至柔，極柔之物。

（二）馳騁：猶言往來。

（三）無有：無形之物。

（四）無間：間，空隙。無間謂無空隙之物。

（五）無爲：看不出來的作爲。

（六）不言之教：言，包含文字語言。不言之教，不用言語規章之教化。

（七）希及之：少有人達到。

二【譯文】

天下最柔軟的東西，能在天下最堅硬之物中活動。無形之物，可以進入沒有間隙的東西。我因此知道無爲是有益處的。

不言的教化，無爲的好處，天下人很少達到。

三【提示】

（一）本章是老子說他親自觀察到至柔與無爲的好處，而天下人很少達到。

（二）至柔馳騁於至間；無有出入於無間。方其馳騁於出入之時，其過程，便未有間斷的時候，直至其完成，類此運作之方式，謂之無爲。無爲常被人誤以爲任何事都不用作爲。會有如此之誤解，實以我人感覺不到或觀察不出所致。

（三）老子自言其觀察所得，謂至柔與無有是實現無爲之要件。援引無爲之運作方式至於人事上：則「不言之教」，它不強制人，便是至柔了；它是一種風範展現所影響，便是無有了。至如「無爲」，其所爲者皆簡易，便是至柔了；

而其進行時，不覺有負擔，便是無有了。實行「不言之教」與「無爲」之施政方式，必須要有相當的智慧，才能夠從容任事。老子以爲得人不易，所以才會惋惜而曰：「天下希及之！」

第四十四章

名與身孰親？身與貨孰多（一）？得與亡孰病（二）？是故，甚愛必大費（三）；多藏必厚（四）亡；知足不辱，知止（五）不殆（六），可以長久。

【註釋】

（一）多：重也。引申有重要，貴重之意。爲與「貨」協韻，故改用多字。
（二）病：損害，災害之意。
（三）大費：有大耗損，大麻煩之意。
（四）厚：重、多。
（五）知止：止，停止。引申作收斂之意。

（六）殆：危險。

二【譯文】

聲名與身體那一樣和我們親密？身體與財貨那一樣貴重？獲得聲名財貨與亡失生命之間那一樣是災害？

因此，過分的愛名，必會有大麻煩；過多的貨藏必定會加重亡失。知道滿足的人不會受到屈辱；知道收斂的人不會遭遇危險，這樣的人，可以活得長久。

三【提示】

（一）此章爲老子輕物貴生之思想。名貨與身體安全，其在得與亡之間的辨別，讀之必然非常清楚。

（二）「甚愛必大費」，「知足不辱」意承「名與身孰親」句。甚愛名，既耗費金錢，又耗時間、精神、體力，所以說必大費。再者，甚愛名，必須迎合人意，有時要委屈自己，忍受嘲諷。這種謂虛名帶來的屈辱，知足的人因無求於人，就不會遭遇到。所以說知足不辱。

（三）「多藏必厚亡」，「知止不殆」意承「身與貨孰多」句。過多的收藏財貨，一旦損失，相對的也比人多，所以說必厚亡。且多藏財貨，容易遭人覬覦，啟人偷盜之心，以至財貨成爲身累。故能知止，自然就不會有危險。

第四十五章

大成（一）若缺，其用不弊（二）。大盈若沖（三），其用不窮（四）。大直若屈（五），大巧若拙（六），大辯若訥（七）。寒勝熱，靜勝躁，清靜（八）為天下正（九）。

一【註釋】

（一）大成：成就最完整圓滿者。
（二）弊：困乏。
（三）沖：空虛。
（四）窮：竭盡。
（五）屈：枉屈。

（六）拙：笨拙。

（七）訥：木訥。言語遲鈍貌。

（八）清靜：寒則清，熱則濁。故云清靜。

（九）正：猶言君、長、主，引申作準則。

二【譯文】

成就最完滿者，好像缺欠的樣子，他的運用，不會困乏的。最充實者，好像空虛的樣子，他的運用，不會窮盡的。最正直的，好像枉屈的樣子；最靈巧者，好像笨拙的樣子；最大辯才者，在人前好像木訥的樣子。寒冷能克制炎熱，安靜能克制躁動。清靜是天下人的準則。

三【提示】

（一）此章言清靜之重要。知守清靜，便能若缺、若沖、若屈、若拙、若訥，因而能長保大成、大盈、大直、大巧、大辯。故謂清靜天下之正。

（二）「若」是似是而非之謂。但就旁觀者而言，其「若」猶是。三十九章曰：「侯王得一以爲天下貞。」又曰：「故貴以賤爲本，高以下爲基。是以侯王自謂孤寡不穀。」侯王自謂孤寡不穀，這就是侯王的得「一」之法。「一」就是「均衡」。因此，智者皆不欲「琭琭如玉，珞珞如石」這種兩極端的名位。「大成、大盈、大直、大巧、大辯」等都是極端，於是如同侯王自謂孤寡不穀，取義均衡之理，以相對的極端「缺、沖、屈、拙、訥」「若」之來均衡一下，這些「大」者，便顯得與常人無異，周遭之人，遂感受不到他們的壓力，而產生比較爭競之情況。因此，大家可以繼續相安無事，共同生活在同一個社會裡。

（三）「寒勝熱，靜勝躁。」王弼本原作「躁勝寒，靜勝熱。」按二十六章曰：「靜爲躁君。」六十章王注曰：「躁則多害，靜則全眞。」六十一章曰王注曰：「雄躁動貪欲，雌常以靜，故能勝雄也。」《韓非解老》篇云：「衆人用神也躁，躁則多費，多費之謂侈。聖人之用神也靜，靜則少費，少費之謂嗇。」《淮南子詮言訓》曰：「後之致先，靜之勝躁，數也。」皆靜與躁相對爲文。前賢多數主張改定，從之。「寒」之引申有「清」義，如此，「清靜」之「清」亦有所承，全章文理也一貫矣。

（四）清靜是天下人發展的準則，不知清靜，便容易自我膨脹、滿溢。而遭遇挫折失敗，不可能有什麼大成就。十五章曰：「孰能濁以靜之徐清，孰能安以動之徐生。保此道者不欲盈。」因爲不欲盈，那些大成就者，既能默默享用供獻其天賦，又能謙抑自己，使得自己的不平凡，一如平凡般的陳現在大衆面前。十五章的「夫唯不盈，故能蔽不新成。」三十八章的「上德不德，是以有德。」七十一章的「知，不知，上。」皆是明顯的例子。因此，這些人能長久保有其「大」，而終不爲「大」所累。「寒勝熱，靜勝躁。」蓋爲自然運作之原理。所以謂「清靜爲天下人之正。」

第四十六章

天下有道（一），卻（二）走馬（三）以糞（四）。天下無道（五），戎馬生於郊（六）。禍莫大於不知足，咎莫大於欲得。故知足（七）之（八）足（九），常足矣。

一【註釋】

（一）有道：有秩序，有條理。天下有道，謂天下安定，有秩序、沒有戰爭。

（二）卻：遣退。《文選東京賦》：「卻走馬以糞車。」薛注：「卻，退也。」

（三）走馬：善跑之馬。即戎馬。

（四）以糞：以，用也。糞，作動詞用，謂治田糞也。（王弼注）

（五）無道：無秩序。天下無道，謂戰亂。

（六）郊：《說文邑部》曰：「郊，距國百里爲郊。」郊，謂非在國境內。

（七）足：足夠。

（八）之：而。

（九）足：滿足。

二【譯文】

天下安定的時候，遣退善跑之馬來治田糞。天下戰亂的時候，戰馬出生在國境之外。災禍中，沒有一項大過於不知足；罪過中，沒有一項大過於貪欲得到。所以知道足夠而滿足，永遠滿足了。

三【提示】

（一）此章是說喻，人君知足與不知足，關係天下的安定與否。

（二）天下有道，政府可以走馬支援民力耕作、百姓安居樂業，國富民豐。天下無道，彼此攻城掠地，民力被抽調打仗，懷孕之母馬也被支援作戰去了，以致戎馬生於郊，農事疲廢，民生凋敝。所以三十章曰：「師之所處，荊棘生焉，大軍之後，必有凶年。」百姓何辜？這是老子反戰的主要原因。

(三)百姓不知足，最終手段，就是偷盜行搶。人君不知足，重食稅之餘，又不足，則必奪人之國，於是戰爭起矣。故人之欲得，乃起於不足。人若一直為外物引誘，不足之缺口，將永無填滿之時。三章曰：「不貴難得之貨，使民不為盜；不見可欲，使民心不亂。」蓋老子以為，減少外物的誘因，才是使人知足的方法。人君以身作則，百姓便能自然而然的「塞其兌，閉其門。」有效的達到使人欲得不起。如此，上下皆能安心的享受當前的生活——腹實而神閒，自在而無負擔。故曰：「知足之足，常足矣。」

第四十七章

不出戶，知天下；不闚牖一ㄡˇ（一），見天道（二）。其（三）出彌（四）遠，其（五）知彌少。

是以聖人不行（六）而知，不見（七）而明；不為而成。

【註釋】

（一）闚牖：闚，窺。由小洞孔探視之謂。牖：窗戶。

（二）天道：自然之法則。

（三）其：若，如。

（四）彌：更甚之謂。

（五）其：則。

（六）不行：不用遠行。

（七）不見：不必親見。

二【譯文】

不用走出門戶，便能知道天下的事理；不用從窗戶的小孔探視，便能發現自然的法則。若走出愈遠，則知道的便更少了。

因此聖人不用出遠行，便能知道天下事理；不用刻意親見，便能明白自然法則；不用作爲，便能成就事功。

三【提示】

（一）此章說明，聖人能掌握道的原理原則，不假外求，亦可以知天下，與見天道。因此聖人能夠不行而知；不見而明；不爲而成。

（二）「不出戶，知天下；不闚牖，見天道。」這是老子對於修道有成者的肯定。四十章曰：「天下萬物生於有，有生於無。」道既無所不在，「故常無，欲以觀其妙，常有，欲以觀其徼。」（一章文）所以，爲道者貴能「靜觀」，其可以知天下，可以見天道。否則，徒假外求，所得不過是虛幻之現象而已。如人見光亮，而不見光也。

（三）道乃究竟眞實，也卽宇宙最後就僅剩下道而已。是以爲道，要在日損，損其不合於道者，終必見道。有智慧者，明白此中道理，因而能夠認識道，掌握道之原則。一般人不知爲道之法，以致「道在邇，而求諸遠。」是以「其出彌遠，其知彌少」也。

第四十八章

為學（一）日益（二），為道日損（三）。損之又損，以至於無為（四）。無為而（五）無不為，取天下（六）常以（七）無事（八），及（九）其（十）有事，不足以（十一）取天下。

一【註釋】

（一）爲學：爲猶求，爲學，求學問。

（二）益：增加。謂增加知識。

（三）損：減少。謂減少知識。

（四）以至無爲：以，猶而。至於：終於。無爲：無須作爲。蓋損之最終，僅存道而已，無可再損了。

（五）而：猶卻。

（六）取天下：卽取天下人之心之省文。

（七）以：因、由。

（八）無事：謂不必執行什麼事。《老子二章》曰：「處無爲之事。」

（九）及：猶若。

（十）其：猶必。猶《論語憲問》：「吾其被髮左衽矣。」之其。

（十一）以：猶用。

二【譯文】

求學之過程，日日增益所無之知識；求道之過程，日日減損不合道之知識。減損再減損，因此終於不用作爲了。不用作爲卻無所不爲，取得天下民心，常常由於無造生事端之故。若必造生事端，便不能夠取得天下民心了。

三【提示】

（一）此章比較爲學與爲道做法上之不同。爲學求多，所以會日益。爲道在順其自然，所以會日損，以致於無爲。無爲而不爲，得天下民心亦如是。

（二）學然後知不足，因此，爲學常會不自覺的，一往無前，日日新，又日新。所以謂爲學日益。二十五章曰：「道法自然。」是以爲道卽在習於法自然。凡不合於自然之思維、習慣、舉措，都宜放下。所以謂爲道日損。損之又損，以至於無爲。無爲是順應自然而爲，並非什麼都不用爲。何謂順應自然？曰：順四時而爲，順民心而爲。「圖難於其易，爲大於其細」（六十三章文），以致人們看不出其所爲。此卽無爲而無不爲之道理。

（三）取天下常以無事。加一「常」字，意謂此乃不變的道理，在經籍中，「事」字古多以力役爲訓。掍言之，「事」與「爲」義無別。本章因前有「無爲而無不爲」一句，故此「事」字亦猶「爲」也。「有事」卽謂事出於自己所适，不合於自然之道，非順應民心，固不足以取天下也。

第四十九章

聖人無常（一）心（二），以百姓之心為心。

善者，吾善之，不善者，吾亦善之，德善（三）。信者，吾信之，不信者，吾亦信之，德信。

聖人在（四）天下，歙歙（五）焉。為（六）天下，渾其心（七）。百姓皆注（八）其耳目，聖人皆孩（九）之。

一【註釋】

（一）常：固定不變。

（二）心：心念，想法。

（三）德善：德，天賦之本質。德善，本質之善。

（四）在：身存。

（五）歙歙：收斂不誇張。

（六）爲：猶治。

（七）渾其心：渾，齊同。《文選孫綽遊天台山賦》：「渾萬象以冥觀。」（注）：「善曰：渾齊萬象以冥觀。」渾其心：義同「以百姓之心爲心。」其：百姓。

（八）注：專，專心一意。

（九）孩：動詞，視爲孩之義。

二【譯文】

聖人沒有固定的心念，他是拿百姓的心念，做爲自己的心念。善良的人，我善待他們，不善良的人，我也善待他們，這種德是善德。信實的人，我相信他們。不信實的人，我也相信他們。這種德是信德。聖人立身天下，很謹愼收斂自己的意念，治理天下，渾同百姓的心念。百姓都專注在看在聽聖人之言行，聖人把他們當成單純的孩童般看待。

三【提示】

（一）此章言聖人爲天下之要法，在於以民爲本，拋棄成見，毫無分別的滿足對待所有百姓。

（二）「以百姓之心爲心」，即滿足群衆心裡之需求，這就是順應自然之道，無爲之要。大家都希望得到善待，於是善者、不善者，聖人一律善待之。大家都希望得到相信，於是信者、不信者，聖人一律相信之。蓋不善者，不信者未有犯罪之事實，當然要同等對待。就像子女表現不一致，他們得到父母的疼愛，也不會有所差別。這是一種社會平等，以全民利益做考量，是社會安定的基礎。

（三）「善者，吾善之，不善者，吾亦善之，德善。」此處之德善，是就聖人之涵養而言。聖人沒有分別心，他的善是出於自然單純心，具有普遍性，這樣的德性，才是眞正的善德。常人對待善者可以善待之，至於不善者，未必能夠善待之。這種善是有思考選擇的，是分別不平等的。這樣的善便不能算是眞正的善德了。（下一句「信者吾信之，不信者，吾亦信之，德信」，義理同此。）

（四）「信者吾信之，不信者吾亦信之。」如此之信德，到後來聖人是否會爲不信者所愚弄呢？就這一點，老子在先前便做了一個伏筆。十章曰：「明白四達，能無知乎？」老子在建構聖人這個「名」時，便已經確立這是一位「知」者了。《論語雍也篇》：「宰我問曰：『仁者雖告之曰：井有仁焉，其從之也？』子曰：『何爲其然也，君子可逝也，不可陷也。可欺也，不可罔也。』」由是可知，仁知兼具之聖人，更不可能被人陷罔的。

（五）「爲天下渾其心」。這是老子在政治上一元觀的微妙運用。吾人皆明白，父母給予子女的愛是圓滿無條件的，每個孩子得到的疼愛是平等的。因此聖人爲天下，便必須渾其心，才能瞭解民心，進而以百姓之心爲心，視百姓如自己的子女，可以做到，善者、不善者皆善待之，信者、不信者，皆信之。彰顯這樣圓滿的德。

（六）「百姓皆注其耳目，聖人皆孩之。」聖人爲天下可以渾其心，可是「世人偏要事事分個是非黑白，孰善孰惡，是敵是友，如此辨個清楚分明，才能安下心來」，《宮本武藏劇・吉觀和尚語》所以，百姓對於聖人實行平等心的可能性及未來性，多少存在有疑慮。於是，對於聖人之所作所爲，都會「注其耳目」。此一句「百姓注其耳目」描摹得非常傳神。這就如同父母分食給小孩，所有小孩關注大小多少是否等分之神情一般。下文緊接「聖人皆孩之」一語，明確的說明，聖人就是百姓的父母官，和首句「聖人無常心，以百姓之心爲心」一語相回應。

第五十章

出生入死（一），生之徒，十有三（二）；死之徒，十有三。人之（三）生，動之（四）於死地（五），亦十有三。夫何故？以（六）其生（七）生之厚。

蓋聞善攝（八）生者，陸行不遇（九）兕虎，入軍不被甲兵（十）。兕無所投其角，虎無所用其爪，兵無所容（十一）其刃。夫何故？以其無死地。

【註釋】

（一）出生入死：與出入生死通。喻人不在乎生命安危，經歷驚險。

（二）十有三：此就比例而言。謂十有三份之義。

（三）之：猶且。

（四）動之：移往。

（五）死地：猶言死命之機遇。

（六）以：因。

（七）生：養。

（八）攝：保養。

（九）不遇：即避開，不與之相遇。

（十）不被甲兵：即不披甲執兵之省文。被爲披之借字，不披甲執兵，謂不任前鋒殺敵之職。

（十一）容：受。

二【譯文】

不在乎生命安危的人，能存活下來的人，約占十分之三，死亡的人，約占十分之三。有些人尚且活得好好的，竟將自己移往死亡之境，這種人亦占十分之三。什麼原因呢？因爲他們太過於養生了。

我聽說過：善於保養生命的人，在陸上行走，會避開犀牛老虎，在軍隊裡，他不披甲執兵。犀牛沒有機會抵觸它的角；老虎沒有機會施用它的爪；武器沒有機會接受到它的利刃。什麼原因呢？因爲他沒有致死的機遇。

三【提示】

（一）此章旨在說明正確的攝生方法。除了無爲之外，還要謹守柔弱之道以俟天命。不知護生與過度養生者，都是不能順隨自然之道而生活，由於不必要之作爲而傷害自己生命的人。本章卽四十章曰：「反者道之動，弱者道之用。」的運用實例。

（二）「出生入死」一詞，重在入死一義。此與「出入生死」一詞無異，皆喻人不顧生命安危，經歷驚險。（潘岳秋興賦）云：「彼知安而忘危兮，固出生入死。」一審人之出生入死，實多以積漸所致。就其情而言，或好勇逞能、或貪求多欲、或生活失序等等所致。而人之秉賦機遇不一，有偏差大者，有偏差小者，有中途收斂者，其受害程度固有深淺之別。且抗抑傷害之能力也有大小之差異？於是而有生之徒與死之徒之別。至於「生生之厚」者、或保護過度、以致體力與免疫功能不足者有之。或營養攝取過量，而身體營運不及，以致囤積傷身者有之。於是人之生，動之死地亦十有三。

以上兩種對待生命之方式，皆以人之作為而傷及自身生命。三十三章曰：「死而不亡者壽」。雖然「出生入死」僥倖者十有三，或能久存於世，然就生命之觀點言之，已經有所亡失，此十有三者，非眞實終其正命者，固非享壽者之屬了。

（三）人之不道，以致不盡年而死者，蓋有十分之九，其餘十分之一，則為善攝生者。其人，老子謂其生生之道為：陸行不遇兕虎，入軍不被甲兵。兕無所投其用，虎無所用其爪，兵無所容其刃，以其無死地之故。無死地，簡言之，即無死命之機遇。蓋「不遇」、「不被」皆有走避意味。大抵其人皆能順隨自然，守柔而不取強，是眞正享壽者。至於如何走避，老子並無文字說明。

第五十一章

道生之(一)，德(二)畜(三)之，物形之(四)，勢(五)成(六)之。是以萬物莫不尊(七)道而貴(八)德。道之尊，德之貴，夫莫之命(九)而常自然。

故道生之，德畜之——長(十)之，育(十一)之，亭(十二)之，毒(十三)之，養(十四)之，覆(十五)之。生而不有(十六)，為而不恃(十七)，長而不宰(十八)，是謂玄德(十九)。

一【註釋】

(一) 道生之：謂道無生化萬物。萬物既直接由道而生，則四十二章「一生二」之「二」，不得謂爲陰陽可知矣。

（二）德：蓋指得自天賦之特質。

（三）畜：本字爲蓄。《說文艸部》曰：「蓄，積也。」又《說文禾部》曰：「積，聚也。」

（四）物形之：物種形塑各品類之形狀。

（五）勢：情勢。含環境、時機。

（六）成：成就。

（七）尊：敬重。

（八）貴：珍惜，寶貝。

（九）命：《說文口部》曰：「命，使也。」引申作命令、干預。

（十）長：生長。

（十一）育：《說文𠫓部》曰：「育，養子使作善也。」凡使之學得某種能力皆謂之育。

（十二）亭：均。《漢書張湯傳》曰：「平亭疑法。」師古曰：「亭，均也，調也。」案亭字與三十九章「萬物得一以生」之「一」，四十二章「沖氣以爲和」之「和」義同。謂均衡。
（十三）毒：結實，厚實。《說文屮部》曰：「毒，厚也。」
（十四）養：飼養，指營養。
（十五）覆：照護。指防衛。
（十六）有：佔有、據有。
（十七）恃：依賴、仗勢。
（十八）宰：主宰、控制。
（十九）玄德：微妙的特質。不可理解，故曰玄。

二【譯文】

道生化萬物，德蓄積於萬物，物類形塑萬物之形體，情勢成就萬物。因而萬物沒有不敬重道而珍貴德的。道的崇高，德的貴重，由於不曾干預萬物而常任萬物自然。

所以，道生化萬物，德蓄積於萬物—使得萬物能生長，使得萬物能養成能力，使得萬物能保持均衡狀態，使得萬物能壯大結實，使得萬物能得到飼養，使得萬物得到照護。生化萬物而不據爲己有，有所作爲而不自恃有功，長養萬物卻不宰制萬物。這叫做微妙的特質。

三【提示】

（一）此章說明道無生化萬物，及照護萬物的方式，一切皆無爲而任自然，此之謂玄德。

（二）「德畜之」。德是天賦特質，無行爲能力，不可能有任何動作直接作用於萬物身上。因此，「畜」字不得作爲畜養解。按畜之本字爲「蓄」《魯郊禮》云：「畜，從田從茲，茲，益也。」其後蓄从半茲，省作畜，又誤作畜。《說文田部》曰：「畜，田畜也。」（段注）云：「田畜，謂力田之蓄積也。」畜因久借爲家畜字，故在畜上加艸字，另作蓄字。此即段注所用之字。故「德畜之。」當云：德蓄藏於萬物。萬物既生而有德之蓄，於是運用這些天賦特質之德，自主的開創了個自的天地。這是老子學說中，任自然之所本。所以萬物莫不敬重道無這個源頭，莫不珍貴德的照護。而吾人多數不能自我省知，竟然以爲我生來就有這個本事，是我自然。類似這種讓人看不出來的作爲，便是所謂的無爲了。

（三）「物形之。」謂物種形塑了萬物的外形。蓋天地間，各類物種都有其獨特之形貌，明顯的和其他物種有所區隔。形貌得之於遺傳，小牛必像成牛，小犬必像成犬，代代都是如此。由於物形之，天地間便有如此數不清的物種外貌，造就了地球的多采多姿。

（四）「德畜之—長之、育之、亭之、毒之、養之、覆之。」德固無行爲能力，然其蓄積，萬物卻得以展開了長育亭毒養覆六個動作。因此，用破折號「—」連接，以示其下六個動作是爲「德畜之」之註腳。由於長、育、亭、毒、養、覆不是道無直接作用於萬物身上，而是萬物運用了道無所蓄積於其身上之德，才得以發展的動作，因此，所有動詞都應視爲「致使動詞」。翻譯時，如「生之」，當云：使得萬物能生長。如此，萬物的動作與道之無爲，自然有了連接。於是，「生而不有，爲而不恃，長而不宰。」所謂「玄德」的道理便很容易理解了。

第五十二章

天下有始（一），以為天下母。既得其母，以知其子（二）。既知其子，復守其母，沒身不殆（三）。

塞其兌（四），閉其門（五），終身不勤（六）。開其兌，濟（七）其事，終身不救。

見小曰（八）明（九），守柔曰強（十）。用（十一）其（十二）光（十三），復歸（十四）其（十五）明（十六），無遺身殃，是為（十七）習（十八）常（十九）。

一【註釋】

（一）天下有始：謂道無。首章曰：「無，名天地始。」

（二）以知其子：「以」字承上省補詞「母」字。

（三）殆：危險、災難。不爲外物所役，故不殆。

（四）兌：閱之假借。閱：穴也。《文選風賦》「空穴來風。」注引《莊子》「空閱來風。」閱古通作穴。

（五）門：進出之戶，指感官。本章指智慧而言。

（六）勤：勞。

（七）濟：助長。

（八）曰：猶則。

（九）明：明察。

（十）強：強韌。

（十一）用：運用，資藉。

（十二）其：自己。

（十三）光：智慧。智慧若光，能照見萬物。

（十四）歸：歸爲使役動詞，作、使……歸。

（十五）其：自己。

（十六）明：十六章曰：「知常曰明。」知曉恆常不變之原理原則。
（十七）爲：謂。
（十八）習：知曉。《國策秦策》：「不習於誦。」（注）：「習，曉也。」
（十九）常：十六章曰：「復命曰常。」恆常不變之原理原則。

二【譯文】

天下萬物有它的原始，以它做爲天下的根源。已經得知這個根源了，由它瞭解到它的支系；已經知道它的支系了，往回緊守這個根源，終身不會有災難。

塞住欲念的孔竅，閉緊它進出的門戶，終身不用辛勞。開啟欲念的孔竅，助長欲念的發展，終身不能挽救了。

能發見隱微細小的事物，則是能明察，能緊守柔弱的特性，便是強韌。運用自己的智慧，又能使自己回過頭來知道返道，便不會給自己帶來災禍。這就叫知曉宇宙不變的道理。

三【提示】

（一）此章旨在說明習常之重要。能習常，則智慧之用必能合於道，可以無身殃。

（二）「用其光，復歸其明。」，「光」字蓋指「智慧」而言。人有智慧，可以照見萬物，因此才有《老子》這本書；而老子也在書中設計了一位智慧超群的統治者—聖人。說明了老子本人並非反對智慧之用。可是在《老子》書中，老子卻一再地強調智慧之用的負面結果。十八章曰：「慧智出，有大僞。」蓋世俗之人，把智慧用到壞的地方去了，對智慧便有了一種壞印象。老子爲講述方便，於是取了個「光」字替代智慧兩字，這樣便可以避免混淆。

（三）「見小曰明，守柔曰強。」凡隱微難明都屬於小。見小則是能明察。明察是智慧之用，能洞燭機先，可以「圖難於其易，爲大於其細。」智慧之用固然是成事的要件，惟要事情或工作，在進程時不受阻抗，而能順利完成，「守柔」的工作態度就顯得格外重要了。「守柔」在仿效「水」攻堅強時，耐心又柔靜的態勢。人而如此，便事無阻擋，而能爲無爲而無不爲。此之謂「強」。

（四）「用其光，復歸其明。」就十六章曰：「復命曰常，知常曰明。」可知，「明」謂能夠明白回歸於道，是爲恆常不變的原理原則。義同前文，「既知其子，復守其母。」蓋吾人智慧之用，能從道而行，便能平安、順利成事。不從道而行，必定招來阻礙挫折，給自己帶來災禍。十六章曰：「不知常，妄作凶。」當不合於道之欲念升起。必須果斷「塞其兌，閉其門。」如此，才不會爲追逐外物，而讓自己一輩子忙碌不休，甚至受到傷害。所以十六章曰：「道乃久，沒身不殆。」知道任何事適合而行，實質上已經和道合一了。此之謂「習常」。

第五十三章

使我(一)介然(二)有知(三)，行於大道(四)，唯施(五)是畏。大道甚夷(六)，而人好徑(七)。朝甚除(八)，田甚蕪，倉甚虛，服文綵，帶利劍，厭(九)飲食，財貨有餘，是謂盜夸(十)，非道也哉(十一)。

一【註釋】

(一) 我：老子託言也。

(二) 介然：介：微小。《列子楊朱》：「無介然之慮。」《釋文》云：「介，微也。」

(三) 知：智慧。

（四）行於大道：實行大道。
（五）施：唯施是畏，王弼注云：「唯施爲之是畏。」以施作實行、作爲。
（六）夷：平、平坦。
（七）人好徑：人指人君，異於所謂聖人者。徑，小路。此指捷徑、邪道。人君爲政易求速成，故好徑。
（八）除：塗之假借。《文選西都賦》注引《廣雅》曰：「塗，汙也。」汙，不潔。喻朝政廢弛。
（九）厭：本字作猒。《說文甘部》曰：「猒，飽也，足也。」
（十）夸：通誇。誇示、炫耀。猶《呂覽下賢》：「富有天下而不騁夸。」注：「夸，詫而自大也。」
（十一）非道也哉：與道相反，故謂非道。

二【譯文】

假使我有那麼些微智慧，實行大道，唯獨害怕有所施爲。大道很平坦，然而人君好抄小徑。朝廷政務很不清明，田野很荒蕪，倉稟很空虛。自己卻穿著華麗的衣服，佩帶銳利的寶劍，飽足飲食，財貨之多超過自己之所需。這樣的行徑，叫做盜匪之誇示。不合乎道了吧！

三【提示】

（一）此章旨在說明，有智慧者得權行道，亦宜小心謹慎，否則稍一動念，思欲表現以求速成，往往只造就一己之私利而已，非道已矣。

（二）施字王念孫以爲當作迆之假借。《說文辵部》曰：「迆，邪行也。」言行於大道之中，唯懼其入於邪道也。以爲與下文之「徑」相應。王弼則直接作施爲解，施爲卽有所作爲。按老子主張無爲而治，施爲就老子而言殆與邪道無別。故從王弼注。

（三）道夸一義，《韓非解老》以夸爲竽之形誤。曰：「竽也者，五聲之長者也。故竽先，則鐘瑟皆隨；竽唱，則諸樂皆和。今大姦作，則俗之民唱；俗之民唱，則小盜必和。」因謂盜夸有盜首之義。按盜首當有盜徒相從，乃見匪首之義。且該節文義僅及一人亂政奢靡而已，未有比類所謂「俗之民唱」、「小盜必和」等事。故以盜夸爲盜首，取義未免迂遠之甚。

或取夸之本義奢（見《說文》）而以「盜夸」迻作「夸盜」釋之爲「大盜」者。按此說尤其轉折繁瑣，恐非老子本義。

然則，夸之取義當如之何可。深究老子之意，夸之取義似不在「首」或「大」義。按「朝甚除，田甚蕪，倉甚虛。服文綵，帶利劍，厭飲食，財貨有餘。」就其文義審之，但謂人君無道，朝野治理敗壞，百姓窮困故無論矣；而其一人竟以獨享榮華富貴示之於人前，此其行非誇示炫耀而爲何？其取之非道，因謂之爲盜。而「盜夸」者，卽「強盜之誇示」之謂。誇示此種成就，故謂其非道也哉。以夸爲誇示，具有增進文義之益，且與「好徑」之義相得，殆爲老子之本義。

第五十四章

善建（一）者不拔（二），善抱（三）者不脫（四），子孫以（五）祭祀不輟（六）。

修之於身（七），其德（八）乃真；修之於家，其德乃餘（九）；修之於鄉，其德乃長（十）；修之於邦，其德乃豐（十一）；修之於天下，其德乃普（十二）。

故以身觀身（十三），以家觀家，以鄉觀鄉，以邦觀邦，以天下觀天下，吾何以知天下然（十四）哉？以此（十五）。

【註釋】

（一）善建：好的建樹。蓋指立德一事。（見下文）

（二）拔：除也。凡拔皆連根而去，不能再生。

（三）善抱：好的抱持。蓋指前人善建，後人之善於守德。

（四）脫：脫落，中斷。

（五）以：因，因而。

（六）輟：止。

（七）修之於身：修：行也。《家語禮運》：「講信修睦。」注：「修，行也。」之：蓋指道言。修之於身，謂己身行道。

（八）德：行道有得，謂之德。

（九）餘：猶裕，有多出寬舒之謂。

（十）長：久遠，綿長。

（十一）豐：滿、厚。

（十二）善：遍及。

（十三）以身觀身：謂由其身觀察其身之德。

（十四）然：樣貌，情形。

（十五）此：這個方法。謂觀其德。

二【譯文】

善於立德的人，他的德業不會被拔除掉；善於守德的人又不脫落（中斷），子孫因而祭祀不絕。

己身行道，其德才眞實；行之於家，其德才有餘裕；行之於鄉，其德才能綿長；行之於邦，其德才能豐厚；行之於天下，其德才能普遍。

所以由其身，可以觀察其身之德是否眞實；由其家人可以觀察其家之德是否有餘裕；由其鄉人可以觀察其鄉之德是否有綿長；由其邦人可以觀察其邦之德是否豐厚；由其天下人，可以觀察其天下之德是否普遍。我那裡知道天下的情況呢？就是觀其德這個方法。

三【提示】

（一）第一節爲全章之主旨。謂德教傳承之重要。「建」蓋指立德，「抱」蓋指守德。善建固然重要，若有善抱爲繼，其德教才能普及於天下而傳之久遠。當其生之時，使百姓得以受惠，卽便身後依舊能夠利益天下人，長保國祚。此所以子孫以祭祀不輟之要義。

（二）瞭解本章旨義，首要弄懂首節句子之結構。「善建者不拔，善抱者不脫。」是相承續的兩個條件子句，是構成「子孫以祭祀不輟」之因。也就是說，善建者之享祭不輟，功在善抱者之不脫。而其必要條件，則在於善建者能夠身體力行。久之，其思慮云爲自然與德相應而不自知，所謂「上德不德」者也，以其爲無爲，如此之德才是眞正之德，才能不拔也。

（三）善建不拔固然不容易，得到善抱者可能更困難，所以眞正能夠得到子孫祭祀不輟者也不多見。老子固然是善建者，然而「天下莫能知，莫能行。」於是被褐懷玉，莫知其所終。既不見善抱其德者，當然子孫祭祀亦終告輟止。以致於《道德經》一書之作者，其眞正之身世至今無從考察起。至如北宋范仲淹建置之義田，千年之後，子孫猶且不脫其制，可謂善抱者了。范文正公至今享祀不輟，固其宜也。「修之於家，其德乃餘。」范仲淹之義田是爲典範。

第五十五章

含德之厚，比於赤子。毒蟲不螫（一），猛獸不據（二），攫鳥（三）不搏（四）。骨弱筋軟而握固（五），未知牝牡之合而全作（六）——精之至（七）也；終日號而不嗄（八）——和之至（九）也。知和（十）曰（十一）常（十二），知常曰明（十三）。益生（十四）曰祥（十五），心使（十六）氣曰強。物狀則老，謂之不道（十七），不道早已（十八）。

【註釋】

（一）螫（ㄕ）：蜂蝎以尾針刺人畜。

（二）據：豦（ㄑㄩˋ）之假借。豦，《說文豕部》曰：「豦，鬥相丮（ㄐㄧˇ）不解。」引申有執持之義。

（三）攫鳥：攫，《說文手部》曰：「攫，扟（ㄕㄣ）也。」同部又曰「扟，從上挹取也。」攫鳥，指鷹隼猛禽之屬。

（四）搏：搏《說文手部》曰：「搏， 取也。」引申作捕取。

（五）固：牢固。

（六）全作：（生殖器）整個挺起。

（七）精之至：精爲動詞，專一之義。《書大禹謨》：「惟精惟一。」《淮南子務訓》：「心竟不精。」（注）：「精，專也。」至：極，最。精之至，謂元氣非常專一。

（八）嗄：聲音嘶啞。

（九）和之至：和，爲動詞，調和之義。和之至，謂生理非常調和均衡。

（十）和：調和均衡。

（十一）曰：則。

（十二）常：不變—自然永恆的狀態。謂均衡。

（十三）明：清明。指人之心境，澄澈明朗，清楚明白。
（十四）益生：延長壽命。
（十五）祥：災殃。《說文示部》曰：「祥，福也。」（段注）：「凡統言則災亦謂之祥，析言則善者謂之祥。」《禮記檀弓下》曰：「孔子既祥。」（注）：「祥，亦凶事。」益生反自然，故云祥。
（十六）使：役使，鼓動。
（十七）不道：不合道。
（十八）已：止。謂生命結束。

二【譯文】

保有天賦特質深厚，便接近於嬰孩了。嬰孩毒蟲不會刺傷他；猛獸不會抓取他；凶禽不會攫取他。骨弱筋軟，卻握得牢固；還不知牝牡媾合之事，生殖器卻能完全挺起—這是元氣專一至極；整天大哭卻不沙啞—這是生理調和至極。

懂得調和，便能合於自然常態，知道合於自然常態，便能清明在躬。延長壽命，則有災殃，心念役使氣力，則會逞強。凡物過分強壯，便會趨於老化，叫做不合道。不合道的，很快會消逝掉。

三【提示】

（一）此章言，含德厚者，無欲無求，外不犯於物而能守其全。內則知和知常能明，故能行於道中。凡舍柔靜而取躁動，則不合於道，必然提早衰亡。

（二）嬰孩無欲無求，成長於家中，有母親照顧，當然不會遭受凶禽猛獸的攻擊。凡人如同嬰孩之單純心，便不致於欲念塡心，以致於出生入死，進出山林，才會受到凶禽猛獸的攻擊。所以王弼注曰：「含德之厚者，不犯於物，故無物以損其全也。」

（三）本章所謂「含德之厚」，和二十八章之「常德不離」，意義相近。厚謂常德不離其身耳。常德不離其身，則能守靜不爭，存其天賦之本質而無害。就像嬰孩一樣，雖然筋柔骨弱而能握固；不知牝牡之合而全作—精之至也；終日號而不嗄—和之至也。所以云：「常德不離，復歸於嬰兒。」

（四）「知和曰常，知常曰明。」此中所謂之「和」，指的是生理上之均衡狀態。

即四十二章曰：「萬物負陰而抱陽，沖氣以爲和。」之和。生理上，陰陽兩氣均衡，身體能和協運作。表演者或運動家，在演出之前，都要先放鬆情緒。如此，全身肌肉才能協調一致。待運作起來，動作便能自然流暢，得到好成績。十六章曰：「歸根曰靜，是謂復命，復命曰常。」均衡和協，便能安靜穩定，這是「道無」的原始常態。所以，能夠保此常態者，自然清明在躬，無欲無求了。不知常，才會妄作凶。所以說：「益生曰祥，心使氣曰強。物狀則老，謂之不道，不道早已。」

第五十六章

知者（一）不言（二），言者，不知。〔塞其兑，閉其門。〕（三）挫其銳（四），解其分（五），和（六）其光（七）同（八）其塵（九），是謂玄同（十）。故不可得而（十一）親，不可得而疏，不可得而利，不可得而害，不可得而貴，不可得而賤。故為天下貴。

一【註釋】

（一）知者：眞正瞭解道者。

（二）不言：不表現於言語上。

（三）〔塞其兌，閉其門。〕：此二句爲制欲之言，與本章玄同之義有別，當刪。

（四）挫其銳：挫：引申作壓抑。其：自己，指知者。銳《說文金部》曰：「銳，芒也。」芒者，草耑也。草耑必鐵。金屬鐵，令人不舒服。凡人才氣靈敏，易傷人之自尊，故也比之爲銳。

（五）分：別。

（六）和：調和。

（七）光：智慧散發之光芒。與五十八章之光義同。

（八）同：混同，齊一。

（九）塵：比喻流俗。

（十）玄同：玄，微妙。玄同，微妙之同。

（十一）而：且。

二【譯文】

知道「道」的人，不表現在言語上，喜言說的人，不知道「道」。〔塞住自己慾念之孔，閉緊自己感官的門戶。〕抑制自己敏銳的部分，化解自己與人分別之處，調和自己的光芒，使自己混同於人們的習俗中。這叫做微妙的相同。

所以（知「道」者）這種人是不可得且親近他，不可得且疏忽他，不可得且利誘他，不可得且傷害他，不可得且尊貴他，不可得且卑賤他。所以，他是天下最尊貴的人。

三【提示】

（一）此章言，瞭解道者，與衆人相處之道。因爲玄同之處世態度，使之成爲自在的尊貴者。

（二）玄同者，微妙之同。「挫其銳，解其分。」爲謙和的表現，「和其光，同期塵。」有進一步融入人群之中，避免與衆比較競爭之意。雖然，知者原來的內涵，仍然沒有改變。這種外人無從明察，似同又非同之情形，稱之爲玄同。玄同和僞裝不同。僞裝者非出於眞心。有道者之玄同，既出自誠心，且平淡的看待個人超凡的特質，平等的對應人群。此卽道法，自然之觀念。

（三）末節作者以排比的方式，連續六句「不可得」。因爲「不可得」，於是親、疏、利、害、貴、賤等各種人際關係便沒有結果。十三章曰：「寵辱若驚。」因爲有所求，所以有寵辱。有寵辱，便天天活在驚嚇之中。知者之玄同，在於與人同，不存在有任何利害關係。尤其是知者不言，在人群中便無人知曉誰是知者，並與之建立關係。所以知者是個無物可加之自在者，在老子眼裡，這樣的人，既毫無束縛，是天下眞正的尊貴者。

（四）「知者不言，言者不知。」句中之「知」爲動詞，「知者」宜謂「知道者」，如此才能與下文，「和其光，同其塵。」「故爲天下貴。」文義銜接一致。聖人既「知，不知。」就更無論於言矣。按「知」字不得作形容詞「智」解。蓋《老子》書中，「智」字詞義皆爲負面取義。三章曰：「使夫智者不敢爲也。」十九章曰：「絕聖棄智。」六十五章曰：「民之難治，以其智多。」以上三章文義，皆有「智」不足取爲戒。三十三章曰：「知人者智，自知者明。」此謂智之用，但能知人而已，尚不足明以自知。《老子》書中如此定義智，於是知，「知者」不作「智者」亦甚明矣。

第五十七章

以正（一）治國，以奇（二）用兵，以無事（三）取天下（四）。吾何以知其然哉？以（五）此。

天下多忌諱（六），而（七）民彌貧；朝多利器（八）國家滋昏（九）；人（十）多伎巧，奇物（十一）滋起；法令滋彰（十二），盜賊多有。

故聖人云：我無為而民自化；我好靜而民自正；我無事而民自富；我無欲而民自樸。

一【註釋】

（一）正：端正之法度。

（二）奇：詭奇之計謀。
（三）事：殆指工程，傜役等耗民力之事。
（四）取天下：謂得民心。《荀子王制篇》楊倞註：「取民，謂得民心。」
（五）以：猶由。
（六）忌諱：禁忌。
（七）而：則。
（八）利器：指刑罰。
（九）昏：昏亂，動盪不安。
（十）人：指君王。
（十一）奇物：詭奇之人，邪曲之人。
（十二）彰：嚴明。

二【譯文】

用端正之法則，可以治理國家；用詭奇的計謀，可以從事爭戰。用無事的方法，可以獲取天下民心。我為什麼之知道事情是這樣子的呢？由這裡知道的。

天下太多禁忌，則人民越是貧窮；朝廷多施行罰，國家更加昏亂；統治者有太多的智巧機變。詭奇之人，也增加起來；法令越是嚴明，盜賊之患，越多。

所以聖人說：我無爲，則人民自然遷化；我喜歡淸靜，則人民自然端正；我無事擾民，則人民自然富足；我看不出有什麼欲望，則人民自然簡樸。

三【提示】

（一）此章旨在比較有爲與無爲運作效益與結果，以見無爲之益。

（二）有爲或可用於治國用兵，并獲得效益。惟有爲容易爲求速效，操持過度，以致百姓適應不及，多有反效果產生。例如，對抗，排斥在所難免。所以，以正治國，以奇用兵，短期或可行之以見效，至於取天下，便有不可能者。蓋轄域廣遠，百姓衆多，掌握不易。於是，「天下多忌諱，而民彌貧；朝多利器，國家滋昏；人多伎巧，奇物滋起；法令滋彰，盜賊多有。」這些現象，更容易顯現出來。

（三）本章第二、三兩節更是個對照組，雖然行文的排序不整飭，其對偁原則還是存在的；前謂君，後謂聖人。因此，原文「民多利器」，知當是「朝多利器」之誤而更正之「人多伎巧」之「人」，亦直譯之爲「君王」。如此，才能與下節之「我」字相偁。按有爲也是一種一元式的領導，惟其著重在管制，所以有壓迫性。無爲著重的自然運化，百姓具有自主性，所以，才有自化、自正、自富、自樸之謂。

第五十八章

其政悶悶（一），其民淳淳（二）；其政察察（三），其民缺缺（四）。

禍兮福之所倚（五），福兮禍之所伏（六），孰知其極（七），其無正（八）。正復為奇（九），善復為妖（十），人之迷，其日固久。

是以聖人方（十一）而不割（十二），廉而不劌（十三），直而不肆（十四），光而不燿（十五）。

【註釋】

（一）悶悶：悶與瞀通，同屬明紐。瞀，《說文目部》曰：「瞀，目謹視。」《玉篇》曰：「瞀，目不明貌。」皆謂視力不佳，不能明察貌，引申作寬鬆解。

（二）淳淳：敦厚，樸質。

（三）察察：嚴苛貌。

（四）缺缺：缺爲獪之假借。同屬阿攝入聲。獪《說文犬部》曰：「獪，狡獪也。」奸詐刁猾之義。

（五）倚：依靠，憑藉。

（六）伏：潛伏，寄託。

（七）極：終結，結局。

（八）其無正：其：則。正：定。定論。

（九）奇：詭異亂群。（從王註）注意：老子不舉斜與正對稱。

（十）妖：媄之俗字。《說文女部》曰：「媄，巧也。」注意：老子不舉惡與善對稱。

（十一）方：端正。

（十二）割：《說文刀部》曰：「割，剝也。」去皮曰剝。有修治修理人之義。

（十三）廉而不劌：《禮記聘義》：「君子比德于玉，廉而不劌，義也。」

（疏）：「廉，稜也，劌，傷也。言玉體雖有廉稜，不傷割於物。」廉而不劌，蓋以玉之有稜，喻人之才能顯明，唯其能「挫其銳」，無傷人之尊嚴，故不劌也。

（十四）肆：任性，無所顧忌。

（十五）光而不燿：光，光顯。謂其智慧之光。燿：炫目，矜誇。光而不燿：猶和其光。

二【譯文】

為政者，政令寬鬆，他的人民便顯得敦厚；為政者政令嚴苛，他的人民便顯得狡獪。

禍啊！是福依附之處；福啊！是禍藏伏之所。誰知道它們最終的結果，則是沒有定論。守法者，再度變成詭異亂群之人，善良的人再度變成取巧之人。君王迷失無為之治道，原本是很久的事了。

因此聖人人品端正，卻不會修理人，才能顯明卻不會傷害人，個性率直卻不會任性，智慧光顯卻不會矜誇。

三【提示】

（一）此章旨在說明無爲而治之重要，及君王迷失無爲治道的原因。文末並列述聖人之無爲法，以爲成此悶悶之政之要件。

（二）其政悶悶之世，其民無感於政刑之存在，無所用心，故能全其敦厚樸質之性，實實在在的過生活，所以淳淳也。其政察察之世，其民身受政刑之壓迫，易遂其心取巧詐僞以避刑責。久之，便成爲其奸詐刁滑之習性，所以缺缺也。六十五章曰：「民之難治，以其智多。」治國理政，致使人民用智太多，這已不是民之難治而已，國君理應深自檢討改善，否則天威將至已。

（三）「禍兮福之所倚，福兮禍之所伏。」福禍相因相仍，循環不已，卽便求福避禍之舉，也躲不了禍之來。蓋物極必反，所以由奇成爲正，正也會再次成爲奇（善與妖之關係同），這種對應關係之間的拔河，沒完沒了。必待對應之雙方都已精疲力竭，像鐘擺一樣，最後停在中間，達到均衡安定的狀態。這就是老子一再強調的抱「一」的精義。聖人善於把握「一」的關鍵，因此，所有政刑律法，一皆取自百姓以爲當然爾者制訂而成。百姓本已習之以爲常，遂不覺有政刑律法之束縛。爲若無爲，百姓固亦不知君王何所作爲。此所以爲無爲，而能無不爲者之故。

（四）「聖人方而不割，廉而不劌，直而不肆，光而不燿。」這是說聖人與百姓相接的態度。方而不割，謂其爲人；廉而不劌，謂其處事；直而不肆，光而不燿，謂其個性涵養。蓋聖人爲政，不欲以一己之德行直接求成百姓，也不依靠政刑約束百姓以見速效，所以「其政悶悶」也。就老子之世代，太上之世已不可見。無爲之治道亦不可聞，是以後世君王迷而不知道。其爲政，遂不以民情爲依靠，多以施爲建功爲其當務之急。致使國家社會陷於禍福奇正善妖更迭循環不斷，君王與百姓之間也一直處在一個不信任的狀態中。十七章曰：「其次侮之，信不足焉，有不信焉。」因爲上位者信不足，下位者有不信焉。這種對立現象一旦形成，常常愈演愈激烈，非致政權解體，不會終止。

第五十九章

治人事天（一）莫若嗇（二）。夫惟嗇，是以早服（三），早服謂之重（四）德，重積德則無不克（五），無不克，則莫知其極（六），莫知其極可以有國。有國之母（七）可以長久。是謂深根固柢，長生久視（八）之道。

【註釋】

一（一）事天：天法道，事天猶事道。《爾雅釋詁》曰：「事，勤也。」《說文力部》曰：「勤，勞也。」勤勉於父母之事，謂事奉父母；勤勉於天道之踐行，謂順從天道。

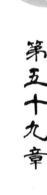

（二）嗇：《說文㐭部》曰：「嗇，愛濇也。」嗇，有愛惜斂藏之意。

（三）服：《釋文》引作「復」，以聲部相同故可通假。《說文彳部》曰：「復，往來也。」

（四）重：再。

（五）克：勝任。

（六）極：極限，終點。

（七）母：根本。指「常德」。

（八）長生久視：活著故能視。長生久視，猶長生久活。蓋「不道早已」（五十五章文）。

二【譯文】

管理人民順從天道，莫過於嗇了。

因爲嗇，所以早日復返其本。早日復返其根本，便是再次累積其常德。再次累積其常德，便沒有什麼事不能勝任的；沒有什麼事不能勝任的，便無法預知他發展的極限；無法預知他發展的極限，可以保有國家了。

有了治國的根本常德，便可以長長久久。這是深根固柢，長久生存的方法。

三【提示】

（一）此章旨在說明，凡欲治人事天者，必先重積德。有國之母，才是長生久視之道。

（二）「可以有國。」「有國」兩字指的是君王；「治人事天」則是君王之職志了。二十五章曰：「人法地，地法天，天法道，道法—自然。」依此說法，天、道、自然，三者是一體的。「事天」就國君而言就是遵道了，也卽行無爲之治。「治人、事天。」都得順從自然之理行事，重積德便是必要的過程。

（三）「治人事天。」《韓非解老》曰：「聰明睿智，天也；動靜思慮，人也。……書之所謂治人者，適動靜之節，省思慮之事也。所謂事天者，不絕聰明之力，不盡知識之任。」蓋韓非以爲治人事天爲保養個人天賦之德。此種說法，與《孟子盡心》曰：「盡其心者，知其性也；知其性，則知天矣。存其心，養其性，所以事天也。」說如出一轍。按天賦之德，五十一章曰：

「德畜之—長之、育之、亭之、毒之、養之、覆之。」這種「德」，自然具足，只要存養，無需重積。它可以活命，卻不足以有國。韓非之說，實不可從。

（四）按有國必須具有「常德」。二十八章曰：「知其雄，守其雌，爲天下谿。爲天下谿，常德不離，復歸於嬰兒。知其白，守其辱。爲天下谷。爲天下谷，常德乃足，復歸於樸。」「常德」這種德，是一種包容涵養。是以君王欲成就「治人事天」，便莫若嗇了。蓋「爲道日損，損之又損，以至於無爲。」（四十八章）如此自然可以提早復「常」。十六章曰：「知常容，容乃公，公乃全，全乃天，天乃道，道乃久，沒身不殆。」當「常德」不斷累積充身實，終於回復到初始本我—樸，與「道無」合一。無疑已成就爲聖人了，可以爲官長。此卽「可以有國」，「有國之母，可以長久。」的道理。

第六十章

治大國若烹小鮮（一）。

以道莅（二）天下，其鬼（三）不神（四）；非（五）其鬼不神，其神不傷人；非其神不傷人，聖人亦不傷人。

夫兩（六）不相傷，故德交歸（七）焉（八）。

一【註釋】

（一）小鮮：小魚。

（二）莅：竦之假借。竦《說文立部》曰：「竦，臨也。從立隶聲。」君臨。

（三）鬼：指作怪者。

（四）神：伎倆發揮作用。

（五）非：非但、不僅。

（六）兩：謂鬼與聖人。

（七）交歸：同義連詞。歸附。六十一章：「大國者下流，天下之交。」王弼注。「天下所歸會也。」

（八）焉：謂道。回應「以道莅天下。」

二【譯文】

治理大國要像烹小魚一般。

以道君臨天下，那些作怪者的伎倆便不神奇了。不僅作怪者之伎倆神奇不起來，他們的神奇伎倆不會傷害到人了。不僅他們的神奇伎倆傷害不了人，聖人也不會傷害人。

鬼與聖人兩者都不傷害人，所以人們的德也都歸於道。

三【提示】

（一）此章言無爲而治之益，百姓之性行都回歸於道。

（二）「治大國若烹小鮮。」以烹小鮮時，不得隨意翻攪，喻治大國不可擾民。此處之大國，顯然與五十七章曰：「以正治國。」之國有別；殆指「天下」而言。所以下文云：「以道莅天下。」意同「以無事取天下。」於是「我無為而民自化；我好靜而民自正；我無事而民自富；我無欲而民自樸。」道行而德應，故謂「德交歸焉。」

（三）「以道莅天下，其鬼不神。」老子不言世俗之鬼，「鬼」蓋指那些善於作怪者。三章曰：「常使民無知無欲，使夫智者不敢為也。」自然之道行，百姓身處價值觀平等的社會，便無須在智與欲上競爭，以顯譽於世。是以那些自以為聰明、喜歡搞亂的人，便失其憑藉，其鬼怪伎倆，即使再神奇，也得不到人們的理會，而發揮不了作用，自然不神，亦傷不了人了。

（四）莅，《易明夷》曰：「君子以莅位。」注：「臨也。」《說文人部》曰：「位，列中庭之左右，謂之位。」即排朝班之義。莅，從位聲，無所取義。《道德經釋文》云：「古無莅字。《說文》作⿰立隶。」按⿰立隶莅同音，同屬來紐衣攝入聲。故莅可假借為⿰立隶。⿰立隶《說文立部》曰：「⿰立隶，臨也。從立隶聲。」又「隶，及也。」臨必親及現場。是⿰立隶有君臨親監之義。

第六十一章

大國者下流(一)，天下之交(二)，天下之牝(三)。牝常以靜勝牡，以(四)靜為下(五)。

故大國以下小國，則取(六)小國；小國以下大國，則取大國。故或下以(七)取，或下而(八)取。

大國不過欲兼畜(九)人，小國不過欲入事人。夫兩者各得其所欲，大者宜下。

【註釋】

(一) 下流：下爲動詞。下流，卽下於流，謂處衆流之下。

(二) 交：交會，歸會。

（三）牝：母。母性慈，易爲子女所親。

（四）以：因，由於。

（五）下：謙下。

（六）取：猶獲得。

（七）以：因而。

（八）而：而後。

（九）畜：養。

二【譯文】

大國能如江海處衆流之下似的謙下，便爲天下所會歸之處，猶如天下依靠之慈母。母性常以靜勝過躁動的雄性，因爲靜是謙下的。

所以大國以謙下的態度對待小國，便能獲得小國的信附。小國以謙下的態度交接大國，便能獲得大國的信納。所以，有時是大國謙下，因而獲得小國的信附。有時是小國的謙下，而後獲得大國的信納。

大國不過是想要一併養人之國，小國不過是想要受納事奉人之國，兩方面各得他們想要的。大國應該要表現謙下。

三【提示】

（一）此章旨在言，大國與小國間，當以謙下為相處之道。

（二）大國的態度，對於區域的和平安定，關係至巨。老子提出第一個要件是謙下。大國對小國謙下是不容易的。如果大國能拋棄面子問題，以謙下對待小國，小國感受到大國的誠意，才能放心的信附於大國。第二個要件是大國宜守雌靜，雌如母親，能眞心照顧子女。靜則能少欲，小國可以不必提供太多的資源予大國，以致於因安全而換來貧窮。此亦不是小國之所欲。老子思考可謂周到。

（三）老子這種大國與小國之關係，大概與周初政權分布態勢有關。當時周天子是唯一大國，大國與小國之間，實力相當懸殊，局面容易掌控，因此，周王與列國諸侯間，能夠和平相處。東周以來，王室政權崩壞，列國實力又多數超越周王室，已經沒有大國小國之分了。於是，彼此攻伐侵略，所謂謙下雌靜之道已不復見，理想與現實相差太大了。大概人「欲」是這個世間變動之源，這就是爲什麼所有的宗教都強調制「欲」的原因吧！

（四）老子以爲「下」是大國與小國相處之道。是大國欲兼畜人，小國欲入事人。孟子的觀察不以爲然。他在回答齊宣王之問說：「惟仁者爲能以大事小，是故湯事葛，文王事昆夷。惟智者爲能以小事大，故太王事獯鬻，勾踐事吳。以大事小者，樂天者也；以小事大者，畏天者也。樂天者，保天下，畏天者，保其國。」《孟子梁惠王下》，世道或有虧盈，惟仁智才能避免盈滿招咎而害其國。此爲儒家之見僅供參考。

第六十二章

道者，萬物之奧（一），善人之寶，不善人之所保（二）。美言可以市（三）尊，美行可以加（四）人。人之（五）不善，何棄之有。故立天子，置三公，雖有拱璧（六）以（七）先駟馬（八），不如坐進（九）此道。

古之所以貴此道者何？不曰（十）以求得，有罪（十一）以免邪！故為天下貴。

【註釋】

（一）奧：《說文宀部》曰：「奧，宛也。」「宛，屈艸自覆也。」覆，有藏義，引申有深藏、庇蔭之義。

（二）保：保全，保命。
（三）市：換取，獲得。
（四）加：增益。
（五）之：猶若。
（六）拱璧：合拱之璧，謂大璧。
（七）以：而。
（八）駟馬：四馬共一乘，謂駟馬。
（九）坐進：坐，跪。進：貢獻。
（十）以：若。
（十一）以：則。

二【譯文】

道是天下萬物的庇蔭，是善人的寶貝，不善的人保全依靠。美好的言語，可以獲得他人的尊重；美好的行爲，可以增添個人的形象。人若是不善，有何理由拋棄這個道呢？（比之美言美行言）。所以立天子，或是安置三公時，雖然有拱璧而先於四馬大車的獻禮，不如跪而獻上此萬物之奧的道。

古時貴重這個道的原因是什麼？不是說：若求得到道的人，有罪的行爲便可以避免嗎？所以道是天下最貴重的東西。

三【提示】

（一）此章旨在解釋古之貴此道的原因。

（二）「美言可以市尊，美行可以加人。」謂美言與美行這種虛有其表之表現，都可以利益衆人，何況道是萬物之準則，對於任何人之生活言行，都有其直接的指導利益。不善人平時容易犯過錯，更沒有理由拋棄道。於是道便成了不善人保命的依據，使自己免於犯大過錯，這和三十八章曰：「下德，不失德。」意義近似。

（三）老子反對殺人。十六章曰：「國之利器，不可以示於人。」七十四章曰：「夫代司殺者殺，是謂代大匠斲。夫代大匠斲者，希有不傷其手矣。」天子學道，不一定能成爲聖人，至少不會輕易用刑，百姓可以「親而譽之。」

（十七章文）因此有「立天子置三公，雖有拱璧以先駟馬，不如坐進此道。」之語。

（四）「不曰：以求得，有罪以免邪？」「有罪以免」，非「有罪得免」。所以此句不可誤作有罪者求道，其罪便可得赦免。果眞如此，豈不大壞社會秩序。按此句話是針對不善人而言。這種人自持力較差，如果平素能拳拳服膺，使自己不失道，有罪的行爲自然就可以避免了。對不善人而言，道就好比指南針，只要隨時帶在身上，便不會走錯路了。此即「以求得，有罪以免」之義。

第六十三章

為無為（一），事無事（二），味無味。〔大小多少，報怨以德〕（三）。

圖難於其易（四），為大於其細（五）；天下難事必作（六）於易，天下大事必作於細。是以聖人終（七）不為大（八），故能成其大（九）。

夫輕諾（十）必寡信，多易（十一）必多難。是以聖人猶難之（十二），故終無難矣。

【註釋】

（一）爲無爲：有爲，若無有爲。謂他人看不出來，或不覺得有作爲。

（二）味：品味、品嘗。

（三）〔大小多少，報怨以德〕：文義與章旨不符，當是他章逐入之文。故刪之。

（四）易：容易。

（五）細：微小。

（六）作：起、始。

（七）終：始終之省文。

（八）大：大事、難事。

（九）大：偉大。

（十）諾：應許。

（十一）易：輕忽。

（十二）難之：以之爲難，謂以事爲難。

二 【譯文】

有爲，若無有爲，治事，若無治事。品味，若無品味。

圖謀困難的事，要在它容易的時候，處理大事要在它尚微細的時候。天下困難的事，必定起於容易，天下大事，必定起於微細。因此，聖人始終不做大事（含難事，省文故也。）所以能夠成就他的偉大。要知道，輕易答應必定缺少誠信，太多輕忽，必定變成太多的困難。因此，聖人尚且把任何事情視爲困難，所以他終究沒有困難了。

三【提示】

（一）此章旨在說明爲無爲之意義，及何以必須爲無爲之原因。事無事，味無味，以此類推，不作說明。

（二）爲無爲並非什麼事都不用做，老子的說明是：「圖難於其易，爲大於其細。」因爲「天下難事必作於易，天下大事必作於細。」凡事聖人都能把握在容易微小的時候完成，其爲若無爲，人們亦看不出聖人有什麼作爲。此即爲無爲之義。由於諸事細小不起眼，爲之阻礙便少，反而成就許多事。所以說：「無爲而無不爲。」（四十八章）「爲無爲則無不治。」（三章）「聖人終不爲大，故能成其大。」（六十三章）

(三)味無味，味字爲動詞，爲品味、品嚐之義。味無味，言品味，若無品味。蓋聖人以「不貴難得之貨」，「不見可欲」自律，即便品味衆物，結果但存於心，喜好不見於外。期不影響百姓之喜好、選擇，亦見其任自然之意。味無味，蓋亦可以含及衣、住、行、育、樂等基本需求而言。二十六章曰：「雖有榮觀，燕處超然。」聖人雖有位尊權重之便，亦不游燕宮觀，恣意所欲。此與味無味之心態是一致的。

(四)輕諾、多易，此等人，多半不把事情當做一回事，是不負責任的態度。這種人當然也不可能爲無爲。聖人因爲看重任何該做的事，謹慎從事——難事做於易，大事做於細，故終無難矣。

第六十四章

其（一）安易持，其未兆（二）易謀；其脆易泮（三），其微易散。為之於未有，治之於未亂。

合抱之木，生於毫末，九層之臺，起（四）於累土，千里之行，始於足下。〔為者敗之，執者失之。是以聖人無為故無敗，無執故無失〕（五）民之從事（六），常於幾（七）成而敗之，慎終如始，則無敗事。

〔是以聖人欲，不欲，不貴難得之貨；學，不學，（不）復（八）眾人之所過（九），以（十）輔萬物之自然，而不敢為。〕（十一）

【註釋】

一

（一）其：猶於。本章「爲之於未有，治之於未亂。」《戰國策楚策》引作「臣聞治之其未亂，爲之其未有也。」

（二）兆：徵兆。

（三）泮：古泮宮，諸侯饗射之宮。按泮當是判之假借。判，《說文刀部》曰：「判，分也。」

（四）起：起造，發作。

（五）〔爲者敗之，執者失之。是以聖人無爲故無敗，無執故無失〕：此爲二十九章文，誤植於此。

（六）從事：任事、治事。

（七）幾：近。

（八）復：返。

（九）所過：曾經犯過的過錯。謂顯其所學，以博取賢明。

（十）以：用。按「以」字下省略一「之」字，「之」卽「欲，不欲，不貴難之貨；學，不學，不復衆人之所過。」

（十一）〔是以聖人欲，不欲，不貴難得之貨；學，不學，（不）復衆人之所過，以輔萬物之自然，而不敢爲。〕：此節文義與本章不相關，殆爲他章逐入之文。疑當置於三章文末作結，以回應其首節〈不尚賢〉句文義。

二【譯文】

在安定的時候，容易掌握；在未有徵兆之前，容易謀劃；脆弱的時候，容易分解；微細的時候，容易摧散。在未形成之前，處理它；在位動亂之前，整治它。

雙手合抱的大樹，生長自細小的芽尖；九層的高臺，起造自堆積的泥土；千里的遠行，始自腳下之地。〔想有爲的，便會失敗；欲掌握的，便會亡失。因此，聖人無爲，所以沒有失敗，無執，所以沒有亡失。〕常人做事，常常到了接近成功時，卻失敗了，謹慎終了，一如開始的時候，便不會敗事。〔此所以聖人有欲，不會顯其欲，不寶貴難得的財貨；學習，不會顯其所學，不重蹈衆人犯過的過失。以此，輔助萬物回歸自然，而不敢作爲。〕

三【提示】

（一）此章繼六十三章之義，再次申言，爲無爲之要義。並提醒，要愼終如始，才無敗事。

（二）「欲，不欲，不貴難得之貨；學，不學，不復衆人之所過。」原文「復」上少一「不」字，今補上，並說明如后：

1. 就句型言：「（欲，不欲，不貴難得之貨；學，不學，不復衆人之所過。）以輔萬物之自然而不敢爲。」是句條件關係構成之複句。「欲，不欲，不貴難得之貨；學，不學，不復衆人之所過。」是條件句，是主句「以輔萬物之自然而不敢爲」之從句，就文義上言，必從句完成，主句才有結果。今從句本身就一句排比形成之複句，是以其子句在形式上必須整齊一致。今第一句有「不」字，則第二句亦當有「不」字。是以知，「復」上得補一「不」字，方合體例。

2. 就「復」字之運用，《老子》書中，除本句外，尚有四見。十六章曰：「歸根曰靜，是謂復命。」二十八章曰：「常德不離，復歸於嬰兒；常德乃足，復歸於樸。」五十二章曰：「用其光，復歸其明。」五十八章曰：「正復爲奇，善復爲妖。」所有「復」字老子一律取「返」爲義，本章「復」亦當如是。如是，「復衆人之所過」，則謂聖人「重返衆人曾經犯過之過錯。」於義不可取。知「復」上當補一「不」字，義乃可通。

3. 就文義言：本句文義純爲聖人個人自我約束之語，有了此涵養，才能用以輔萬物之自然，學者感受儒家思想影響所致，以爲教化百姓爲君王之責，逐去「復」上之「不」字，且爲方便講述，於是「復」字便有各種不同之說辭。此乃望文生義，無所依據之爲。

4. 「復」上缺「不」字，其來已久。郭店竹簡亦不見「不」字。後世學者不察，承其謬誤，終至背離老子任自然之要旨而不自知。五章曰：「聖人不仁，以百姓爲芻狗。」三十二章曰：「民莫之令而自均。」聖人不必挽救衆人之過，理甚明白，惟以「輔萬物之自然而不敢爲」而已。「復」上宜補一「不」字亦甚明矣。

（三）「學，不學」，楚簡《老子》甲作「季子，不季子。」（卽教，不教），帛書乙本《老子》作「學，不學」。按教之韻部爲陰聲宎攝，學之韻部爲陰聲幽攝，旁轉相通，以聖人輔萬物之自然而不敢爲，既不教人，則教字當是學字之假借。

（四）「欲，不欲，不貴難得之貨。」和三章「不貴難得之貨……，不見可欲。」行文有別，意義則相同。欲，卽物欲，聖人非木頭，豈能無欲，要之，必須不欲，卽不見可欲。一切順其自然，適可而止，不執著於所欲。「學，不學，不復衆人之所過。」學，卽學習。聖人必須比常人更努力學習，豐富自己之學識能力，方能超群出衆，成就其爲聖人。不學，謂不顯其所學。同五十六章之「挫其銳，解其分，和其光，同其塵」之義。而「不復衆人之所過」，謂聖人不因學而忘道，猶三章之「不尚賢」之義。蓋聖人能將所學昇華爲個人之涵養，蓋使之結合於道所賦於人之德（五十四章「德畜之」），於是「爲道日損，損之又損，以至於無爲。」（四十八章文），銳已挫，分已解，思慮云爲皆在道中，尚何損爲？

第六十五章

古之善為(一)道者，非以明(二)民，將(三)以愚(四)之(五)。民之難治，以其智(六)多。故以智治國，國之賊(七)；不以智治國，國之福。知此兩者(八)亦(九)稽式(十)。常知稽式，是謂玄德(十一)。玄德深矣，遠矣，與物(十二)反(十三)矣。然後乃至大順(十四)。

一【註釋】

（一）爲：行。

（二）明：下文謂「以智治國，國之賊。」則「明」有使民智見之謂。

（三）將：猶是。與上文「非」字對應。

（四）愚：下文謂「不以智治國，國之福。」，則愚謂愚直，直樸。《大戴禮保傳》注引箕子曰：「知（智）不用而言愚也。」謂不智見。

（五）之：民。

（六）智：智巧、小聰明。

（七）賊：禍害。

（八）兩者：謂以智治國與不以智治國。

（九）亦：又、且。

（十）稽式：稽考效行。稽有考義，蓋稽爲卟（ㄐㄧ）之假借。《說文卜部》曰：「卟，卜以問疑也。」引申作考。稽卟皆見紐陰聲盍攝，同音通假。

（十一）是謂玄德：是，此。謂，爲。玄德，玄妙之品質。是謂玄德，即這就是玄德。

（十二）物：人民。

（十三）反：返。王弼注：「反，反其眞也。」

（十四）大順：完全順行於道。

二【譯文】

古時候善於實行治道的人，不是以道使人民明敏，是以道使人民直樸。人民難以治理，由於他們智巧多的關係。所以，拿智巧治理國家，是國家的禍害；不拿智巧治理國家，是國家的福氣。治國者瞭解這兩種治國之法，且稽考效行。常知稽考效行，這就是玄德。玄德的發展已經深了，遠了，與人民一同返回眞樸了，這樣之後，才能完全順行於道。

三【提示】

（一）此章言行道治國者，當常稽式治國方式，俾一國上下皆能還歸眞樸，而後行於大道之上。

（二）老子之「愚之」，並非行愚民政策。凡聰明才智，既已得之於天賦，其後雖欲愚之，業已不可能矣。按此章之「愚之」，義同三章之「使民無知」。百姓常無智見，則智巧詭詐不起，只會見得眞樸日顯，離道不遠矣。所以說，

「不以智治國，國之福。」

（三）「知此兩者亦稽式」，「兩者」謂「以智治國」與「不以智治國」。惟知有此兩者是一回事，若不知辨別效行，僅僅知之，於國於民何益？於是曰：「亦稽式。」卽選對了又照著去實行，才是國之福。至於如何「不以智治國」老子在第三章已做過概略性的說明了。

（四）「稽式」他本或作「楷式」，蓋楷爲介之假借。《說文八部》曰：「介，畫也。」畫則範圍分際分明，所以楷有法式，分別之義。是以段玉裁於《說文木部》楷字下注曰：「楷之言稽，我稽古，而後世又以此爲稽也。」以楷之假借義，是以「稽式」或作「楷式」也。

（五）何以謂「常知稽式，是謂玄德。」按五十一章曰：「道之尊，德之貴，夫莫之命而常自然。故道生之，德畜之—長之，育之，亭之，毒之，養之，覆之。生而不有，爲而不恃，長而不宰，是謂玄德。」一位領導者常知稽式，自然不會犯了以智治國之病，而能爲無爲，而任自然，成就百姓，成就自己。此則無異於道無玄之又玄之特質，是以謂其爲玄德也。

（六）「玄德深矣，遠矣，與物反矣，然後乃至大順。」此句話是敍述玄德達到大順之境地，其間必須經歷之過程。過程是有時間性的，所以在每個過程之下都連接一個時間語氣詞「矣」字，表明那是將然之事。也卽是說，未來當玄德之發展已經實現了這三個過程之後─卽文中所謂的「然後」，才有可能達至大順之境地。

第六十六章

江海所以能為百谷(一)王(二)者，以其善下(三)之，故能為百谷王。是以欲上民(四)，必以言下(五)之；欲先民(六)，必先身後之。是以聖人處上而民不重(七)，處前而民不害(八)，是以天下樂推(九)而不厭(十)。以其不爭，故天下莫能與之爭。

一【註釋】

(一) 百谷：百川。就山而言爲谷，就水而言爲川。

(二) 王：往之假借。

(三) 下：謙下。

（四）上民：位居民之上。

（五）言下：言語謙下。

（六）先民：身處民之前。

（七）重：負擔重。有壓力。

（八）害：妨礙，阻礙。

（九）推：擁戴。

（十）厭：猒之假借字。厭從厂猒聲，於聲奄攝入聲。猒，於聲奄攝，同音通假。《說文甘部》曰：「猒，飽足也。」（段注）曰：「飽足謂人意倦矣。引申為厭倦。」

二【譯文】

江海能夠成為百川歸往的原因，由於它善於處在百川之下，所以能夠成為百川所歸往。因此，要位居人民之上，必須要言語謙下於人民；要身處在人民之前端，必須要自身退居於人民之後。

因此，聖人位居上位，而人民不覺得負擔重；身處人民之前端，而人民不覺得有妨礙。因此，天下人樂於擁戴他爲領袖而不會厭棄他。因爲他不與人爭，所以天下沒有人能夠和他相爭了。

三【提示】

（一）此章謂不爭爲理想領袖之要件。因爲不爭，才能處上而民不重，處前而民不害，上下各安其所，天下自然和平安定。

（二）「江海所以能爲百谷王者」，「王」字依本義作解是不妥的。蓋言王者，唯海可以當之，江則差遠。是以歷來註家取王爲往之假借，義便可通。至於百谷作百川者，蓋就山而言，謂之谷，就水而言謂之川。《文選宋玉〈高唐賦〉》曰：「遇天雨之新霽兮，觀百谷之俱集。」李善注：「百谷者，衆谷雜水集至山之下。」是百谷可以通作百川。「百谷」與江海雖有地勢高低，位階之差異，不若「百川」川水流注江海關係緊密，亦彰顯江海善下之義。

（三）「是以欲上民必以言下之，欲先民必以身後之。」諸本在「是以」之下有「聖人」兩字。然就江海善下而能爲百谷王之義而言，本句旨在以類取譬，引申之於人事上所作之結語。泛指凡欲上民，欲先民者，皆必如此之爲。豈但指聖人而已。增加「聖人」兩字，似無必要。何況緊接之下文，又有「聖人」兩字，行文累贅而無意義。未如王弼本刪去，文氣自然又通暢。

（四）「欲上民，必以言下之；欲先民，必以身後之。」固然出於謙下不爭之涵養，由於人心不可靠，既得高位之後，操守逐漸改變者，史書所載，不乏其人。大概只有聖人才能不改初心，始終如一。因此，成爲君王之後，能夠輕食稅，使民不重；省政刑，使民不害，是以天下樂推而不厭。

第六十七章

〔天下皆謂我，道大似不肖（一）。夫唯大，故似不肖；若肖久矣（二），其細也夫（三）〕我有三寶，持而保之。一曰慈，二曰儉，三曰不敢為天下先。

慈故（四）能勇，儉故能廣（五），不敢為天下先，故能成器（六）長。

今（七）舍慈且（八）勇，舍儉且廣，舍後且先，死矣！

夫慈，以戰則勝，以守則固。天將救之（九），以慈衛之。

【註釋】

（一）肖：似。

（二）久矣：久了之後。

（三）細也夫：細，小。細也夫，小得很啊！

（四）故：則。《大戴禮勸學篇》：「君子博學如日參己焉，故知明則行無過。」《荀子勸學篇》作「則知明而行無過。」

（五）廣：寬裕。

（六）器：謂萬物。

（七）今：猶若。同《禮記曲禮》：「今人而無禮，雖能言，不亦禽獸之心乎？」

（八）且：王弼曰：「且，猶取也。」舍與取相對爲文，蓋謂「且」爲「取」之形誤。

（九）之：稱代詞，謂人。

二【譯文】

〔天下人都告訴我，道大得好似什麼都不像。要知道，正因爲大，所以好似什麼都不像，如果有所相似，久了以後不就細小的很啊！〕

我有三個寶貝，抱持保有它們。一是慈，二是儉，三是不敢爲天下先。慈愛便能勇敢，儉約便能寬裕，不敢爲天下先，便能成爲萬物之首長。如果捨棄慈愛，求取勇敢，捨棄儉約，求取寬裕，捨棄謙讓，求取居人之先，這是死路一條。

要知道，慈愛，靠它戰鬥便能勝利；靠它防守便能穩固。天將救助的人，是藉由慈愛護衛自己。

三【提示】

（一）此章論三寶之珍貴，並強調說明三寶中，慈愛爲重要之故。

（二）「天下皆謂我，道大似不肖。夫唯大，故似不肖；若肖久矣，其細也夫。」此節文義和以下所論說之「慈」完全不能相接。當是他章錯簡。就文義要點言，本節文字似可以移置於七十章前。七十章曰：「吾言甚易知，甚易行，天下莫能知，莫能行。」老子之「言」即「道」也。因爲不知，所以謂「道大似不肖。」不肖，故不能行矣。

（三）慈是上對下之態度。君王於必要時會因爲慈而激發爲護衛下屬與晚輩之勇氣與決心。其遇事必能審愼謀劃，減少傷害，因此感召衆人上下一心，成就事功。故曰：「夫慈，以戰則勝，以守則固。」君王若捨慈取勇，則容易以一己之利以逞其勇武。犧牲百姓子弟於不顧。《孟子盡心篇》曰：「不仁哉！梁惠王也。」「梁惠王以土地之故，糜爛其民而戰之，大敗。將復之，恐不能勝，故驅其所愛子弟以殉之。」凡勇非出於慈，殆多如是。

（四）「天將救之，以慈衛之。」「將」字是預設情況，所以有「如」、「若」之義。於是，整句話可以視爲是假設關係之複句。「以慈衛之」，主語「天」承上省略，「以」爲關係詞，「慈」是述詞「衛」之憑藉補詞，「之」是止詞。「以慈衛之」乃謂天用慈愛來護衛他。天是抽象之物，無作爲能力。所以這句是說，天要救助的人，自然會以慈愛來護衛自己。也就是說，這個人會是一個慈愛者。

第六十八章

善為士（一）者，不武（二）；善戰者，不怒（三）；善勝敵者，不與（四）；善用人者，為之下（五）。是謂不爭之德；是謂用人之力；是謂配天（古）（六）之極（七）。

【註釋】

（一）爲士：士於本文當是指士卒之長。所以王弼注曰：「士，士卒之帥也。」爲士，卽爲統帥。

（二）武：武爲動詞，謂逞武勇。

（三）怒：動氣。

（四）不與：與，對待。《史記燕世家》：「龐煖易與耳。」不與，不直接會戰。

（五）下：謙下。

（六）古：俞樾以爲衍文。從之。

（七）極：《說文木部》曰：「極，棟也。」凡至高至遠皆謂之極。引申作要則。

二【譯文】

善爲統帥的人，不逞武勇；善於作戰的人，不動氣；善於克服敵人的人，不正面戰鬥；善於用人的人，待人謙下。這叫做不爭的美德；這叫做運用他人的能力；這叫做合乎自然的要則—道。

三【提示】

（一）此章旨在說明，凡是完善其職事者，皆合於自然之道。

（二）「武」「怒」乃侵略的行爲，暴烈的表現，而「與」則出於對槓，好鬥的心態。三者都是逞強，爭競之表現，違反自然之道。「善爲士者，不武；善戰者，不怒；善勝敵者，不與。」老子希望藉由這種不爭之德，導正人們回歸到自然之道。如此，也合乎老子「慈」的理想。（參引陳鼓應文意）。

（三）「是謂配天古之極。」俞樾說：「疑『古』字衍文也。『是謂配天之極』六字爲句，與上文『是謂不爭之德』，『是謂用人之力』文法一律。其衍『古』字者，『古』卽『天』也。《周書周祝篇》曰：『天爲古』；《尚書堯典篇》曰：『曰若稽古帝堯。』鄭註曰：『古，天也。』是『古』與『天』同義。此經『配天之極』，陀本或有作『配古之極』者，後人傳寫誤之耳。」俞氏謂「古」爲衍文是，其引《周書周祝篇》及《尚書堯典篇》，以證明「古」卽「天」之說則非。舉證不當，不可從。說見提示（四）。

（四）「古」爲時間副詞。「古」可以狀「天」之形容，但「古」不能等同於「天」。以「古」釋「天」，是類比錯誤。所以然者，以不憭解文義所致。《周書周祝篇》曰：「天爲古，地爲久。」以天地對照，「高」言天之所處位置；「古」言天之形成時間。「古」不得釋之爲「天」明矣。《尚書堯典篇》曰：「曰若稽古帝堯。」與《尚書皐陶謨篇》曰：「曰若稽古皐陶。」

文法相同，「古」字謂人已作古。知二篇爲回溯前人事跡之作。「古」字當以本義釋之爲是。

第六十九章

用兵有言：「吾不敢為主（一）而為客（二）；不敢進寸而退尺。」是謂：行無行（三），攘無臂（四），執無兵（五），扔無敵（六）。

禍莫大於輕敵，輕敵幾喪吾寶（七）。故抗（八）兵相加（九），哀（十）者勝矣。

一【註釋】

（一）主：主動攻擊者。

（二）客：被動防衛者。

（三）行無行：佈妥行陣，若無行陣。

（四）攘無臂：《說文手部》曰：「攘，推也。」攘無臂，猶言揮手臂進軍，若無手臂。

（五）執無兵：手執兵器，若無兵器在手。

（六）扔無敵：《說文手部》曰：「扔，捆也。」又，「捆，就也。」扔無敵，言敵軍靠近若無敵軍。

（七）吾寶：即六十七章曰：「我有三寶，持而保之。一曰爲慈，二曰爲儉，三曰不敢爲天下先。」

（八）抗：《說文手部》曰：「抗，扞也。」扞，禦，引申作對抗。

（九）加：當。（從王弼注）。

（十）哀：《說文口部》曰：「哀，閔也。」引申作痛惜，憐憫。

二【譯文】

作戰者有這種說法：「我不敢作爲主動攻擊者，而是作爲被動防衛者；不敢前一寸，而是退讓一尺。」這是說：佈妥行陣，若無行陣，能揮臂進軍，若無手臂，手握兵器，若無兵器在手，敵軍靠近若無敵軍。

禍患沒有更大於輕敵了，輕敵幾乎喪失了我的三寶。所以，對抗的兩軍，實力相當時，慈悲的一方必然獲勝的。

三 【提示】

（一）此章旨在說明，戰爭時，兩軍實力相當，主帥的謙抑退讓，既可避免輕敵之禍患，又能憐憫士卒之安危，因而能夠克敵致勝。

（二）「行無行，攘無臂，執無兵，扔無敵。」一句，文義用以說明守方主帥「吾不敢為主，而為客；不敢進寸，而退尺。」的謙抑態度。就行文次第言：「行無行，意謂尚未發見敵蹤；攘無臂，意謂已見敵蹤；執無兵，意謂敵軍正向我方推進；扔無敵，意謂敵軍接近我陣地了。」作者於此運用層遞法，將守方主帥關注敵方動態之反應，一一形諸其身。藉由主帥的反應，讀者彷彿也親歷其境，眼見敵軍步步進逼之情景。這是以主帥當作鏡面映照敵方的寫作法，筆法高妙。閱讀本章時必須靜心仔細的體會作者之用心，否則，對於描述主帥之反應，便會覺得怪異而不知所云了。

（三）三章曰：「為無為，則無不治。」按「為」乃確有其為，是真實存有，非什麼都不作爲。「無爲」，非謂絕對不爲，是忽略存有之意，因此才能「無不治。」本章「行無行，攘無臂，執無兵，扔無敵。」其「行、攘、執、扔」說明了主帥確實完成備戰，是眞實存有的。「無行、無臂、無兵、無敵」乃說明主帥不到最後關頭，不急於戰鬥，是忽略存有的表現。是主帥對戰爭所持的嚴肅態度。

《莊公八年穀梁傳》曰：「兵事以嚴終。」這是說，軍事上要以嚴整紀律來達成任務的。「嚴終」說明了輕敵之不可。所以「禍莫大於輕敵。」這句話是老子針對守方主帥作法的認同。輕易發動戰爭，或是毫無準備即出兵應戰，是兵家大忌。老子是有愛心的人，所以才說：「抗兵相加，哀者必勝。」

（四）戰鬥中，傷亡減少，自然兵足士氣壯。是以臨敵前，能以減輕傷亡爲慮時，其謀劃必較之單純取勝者更爲周詳仔細。因此勝率自然高很多。考慮減少傷亡，無疑是出於憐憫之心。所以說：「抗兵相加，哀者勝矣。」謙抑退讓者，天性多不喜誇大爭功，臨事必多方斟酌考慮，有所節制。老子於此章巧妙的將退讓與慈悲做了一個連接。

第七十章

吾言甚易知，甚易行。天下莫能知，莫能行。言有宗（一），事有君（二）。夫唯無知（三），是以不我知（四）。知我者希，則（五）我者貴（六）。是以聖人被（七）褐（八）懷玉（九）。

一【註釋】

（一）宗：祖，引申有本，有根源之義。

（二）君：君爲一國行政之領袖，引申有要領，重點之義。

（三）無知：無，有模糊不清之義。無知，謂看不出有什麼知見。

（四）不我知：不知我。
（五）則：取法。
（六）貴：珍貴。
（七）被：穿。
（八）褐：粗布衣，窮人穿著之衣。被褐：引申窮困的日子。
（九）懷玉：玉爲寶物，比喻道。懷藏寶玉，引喻不隨便獻寶。

二【譯文】

我的話很容易瞭解，很容易實行。天下人沒有人能瞭解。沒有人能實行。我說話有根據，論事有要領。只是外表看不出有什麼知識，所以人們不能瞭解我。

瞭解我的人稀少，取法我的人便顯得珍貴了。因此，聖人過著窮困的日子，也不願隨便與人論道了。

三【提示】

（一）此章爲老子感慨自己的理想，淺易可行，卻得不到知音。

（二）老子的治道，雖然易知易行，而天下人沒有人瞭解。沒有人去實行，究其原因，老子自己也很清楚。老子曰：「夫唯無知，是以不我知。」無知即看不出有什麼知。大概老子平日爲人行事非常低調，旁人對他沒什麼印象，便不會去注意這個人的言論。這一點，也是老子思想不能在當世推廣最大的致命傷。

（三）雖然「天下莫能知，莫能行。」老子對於自己思想利益天下還是信心滿滿。所以，老子才會說：「知我者希，則我者貴。」由於老子是個自然主義者，他也不在乎自己的思想是否能夠獲得採行，他寧可「被褐懷玉」，順應自然的等待下去。

（四）老子不是宗教家，但是他的學說卻有宗教的情懷。例如：「宇宙論」與「創世」說頗爲近似；「任自然」，則近似「自由意志」；他的「一元論」，則近似「神愛世人」；「以天下之心爲心」，則近似「慈悲，博愛」；「爲天下谷」，則近似「謙虛」。大概人類的問題一直都很類似，思想家想要解決的，永遠都是相同的問題。老子異於其他思想家的，是他的說法比較正面，沒有所謂的「魔鬼」、「地獄」之說，而且他亦未到處宣講他的想法，當然會「知我者希」了。

第七十一章

知（一），不知（二），上（三）。不知（四），知（五），病（六）。聖人不病，以（七）其病（八）病，是以不病。夫唯（九）病病，是以不病。

【註釋】

（一）知：心理明白。

（二）不知：不以此爲知，也卽不在意這個知，只當作生活之中興趣涵養而已。

（三）上：上等。

（四）不知：心理不明白。

（五）知：表現知。

（六）病：毛病，弊病。

（七）以：因爲。
（八）病：憂慮，擔心。
（九）唯：同惟，因爲。

二【譯文】

知，卻不以此爲知，這是上等的境界。不知，卻要表現知，這是有毛病。聖人沒有這種毛病，因爲他擔心這樣的毛病，所以不會有這樣的毛病，因爲擔心這種毛病，所以不會有這種毛病。

三【提示】

（一）此章旨在說明聖人所以不犯知病，爲其能提升知至於不知之層次，所以能不爲知所綁。

（二）《論語爲政篇》曰：「不知爲不知」這裡所謂的「不知」，則是指實質而言。這種知，一般敏勉奮進之士，或可求而得之。至於老子說的「不知」，則是指實質的知所表現的一種態度，換言之，就是一種涵養。這時知識的「知」，已經轉化到「德」的層次上（從王邦雄《儒道之間》老子的形上智慧）。因此，老子所說的「不知」，和《論語子張篇》曰：「日知其所亡」之「亡」，完全是兩回事。他說的「不知」反而比較接近《論語泰伯篇》曾子稱讚顏淵曰：「有若無，實若虛」之境界。這種境界正與老子一再提醒的「無」的概念相吻合。

（三）「不知，知」者，不顧自己膚淺，但求表現。所以老子謂之爲病。王弼直指其不知知不足任。這種人可以說是國家社會混亂的根源。老子之世代，史上雖美其名爲百家爭鳴，唯其「爭」之結果，人人自持一得之見，彼此不相信服，以致天下長期陷於不安之狀態，於是，不得不步入戰國時代。《老子三十章》曰：「師之所處，荊棘生焉，大軍之後，必有凶年。」老子憂心的事，終於還是發生了。

（四）由「知，不知」一語，我們可以明白瞭解老子思想中，並沒有去「知」的觀念。他明白知識對人的好處，所以才會在《道德經》中，常常提到聖人這個理想人物。聖人也是要從小不斷的學習，心領神會，才能成就其超凡之道德與智慧。就聖人而言，那些學習所得，都是屬於個人修養之範疇，是極其自然不過的事。一般人則常常拿知識作爲競爭的工具。知識越普及，競爭越激烈。知識反成爲天下之亂源。《老子五十六章》曰：「知者不言，言者不知」，《三十章》曰：「使夫智者不敢爲也。」老子的意思就是要那些玩弄知識不道德的智者閉嘴。提升「知」成爲一種涵養之後，知識愈充實，道德成就也就愈高，這樣作爲又若無爲，當然，則無不治矣。

第七十二章

民不畏威(一)，則大威(二)至。無狎(三)其所居(四)，無厭(五)其所生(六)。夫唯不厭(七)，是以不厭(八)。是以聖人自知不自見(九)，自愛不自貴(十)，故去彼取此(十一)。

一【註釋】

(一) 威：權威，地位高者所擁有之權能和威力。

(二) 威：威脅，災難，禍患。

(三) 狎：陜之假借字。《說文阜部》曰：「陜，隘也。」引申作管制，束縛。

陝字俗作陿、峽、狹。

（四）居：居止，生活環境，或行動空間之謂。

（五）厭：音鴉。《說文厂部》曰：「厭，笮也。」段注：「竹部曰：笮者，迫也。此義今人字作壓。」

（六）生：生業，生計事業。

（七）厭：同（五）。

（八）厭：音驗。卽猒字。《說文甘部》曰：「猒，飽也，足也。」段注：「飽足則人意倦矣」，故引申作猒倦，猒憎。

（九）自見：見卽現之假借。自見，自我表現。

（十）自貴：自我尊貴。

二【譯文】

人民不害怕權威時，大的禍患便會來到。不要管制人民的行動空間，不要壓笮人民的生計事業，因爲不壓迫人民，因而不會厭棄上位者。

因此，聖人瞭解自己，卻不會自我表現；珍重自己，卻不會自我尊貴。所以，聖人能夠避免權威狹壓的作爲，而採取不壓迫之治道。

三【提示】

（一）此章旨在說明權威之不可靠，執政者當棄去之。

（二）「無狎其所居」殆指執政者簡政令，輕刑罰，則人民行動空間不受約束，生活自在，可以自得其樂。「無厭其所生」殆指執政者，輕其租稅使民以時，則人民可以安居樂業，不虞匱乏，仰事俯畜可以無憂矣。

（三）「自知不自見」者，則不會因自己努力所及而思欲有所作爲。爲政者之作爲，則以政令之頒布及刑罰之制定爲主要。布訂越多，其對人民行動之限制，勢必越多。聖人行無爲之治，自然「無狎其所居」之事。「自愛不自貴」者，則不會因爲自愛而有所不爲，以致養尊處優，稅多而役繁，嚴重創傷人民之生計，《老子五十七章》曰：「我無事而民自富。」聖人無事，當「無厭其所生」矣。

（四）《老子五章》曰：「聖人不仁，以百姓爲芻狗。」和本章「無狎其所居，無厭其所生。」一語，適有相互發明之益。聖人所以「以百姓爲芻狗」者，聖人不干預百姓之生息，百姓有較多之發展空間。因此，能夠安居樂業成就其人生。此之謂聖人不仁。聖人不仁，實則乃聖人之大仁。然而百姓竟僅知其「有之」，且自以爲是，而謂「我自然」（大意見十七章文）似乎有古詩帝力與我何有哉之意味。

第七十三章

勇於敢（一）則殺，勇於不敢（二）則活。此兩者或（三）利或害。天之所惡（四），孰知其故。（是以聖人猶難之（五））

天之道，不爭而善（六）勝；不言而善應；不召而自來；繟然（七）而善謀。天網恢恢（八），疏（九）而不失（十）。

一【註釋】

（一）敢：謂逞強好勝之類者。

（二）不敢：謂柔弱謙退之類者。

（三）或：有。

（四）天之所惡：天理（或天道）所厭惡。指上文之「勇於敢」者。

（五）是以聖人猶難之：此句爲六十三章文，誤植於此。

（六）善：猶言容易。

（七）繟然：繟，《說文糸部》曰：「繟，帶緩也。」繟有寬鬆之義。繟然，猶言安然，縱容貌。

（八）恢恢：恢《說文心部》曰：「恢，大也。」恢恢，疊字連語作寬大貌。

（九）疏：疏《說文𠫓部》曰：「疏，通也。」引申有疏闊之義。

（十）失：漏失，遺失。

二【譯文】

勇於敢，便被殺了。勇於不敢，便活下來。這兩種情形，有一種得到利，有一種受害。勇於敢是天道所厭惡的，誰知道其中的原因呢？（因此，聖人仍辦不到。）

天道的原則：不用競爭，卻容易取勝；不用言語，卻容易得到回應；不用招喚，人們卻自動而來；從容的樣子，卻能完善謀劃。天道無形的律法，好像是個寬大的羅網一般，雖然寬疏，卻不會有漏失的情形。

三【提示】

（一）此章旨在示人，天道不可逆，逞強好勝不合道，所以有害。柔弱謙退合於道，所以有利。

（二）四十章曰：「弱者道之用。」道的作用方式是柔弱而幽微，幾近於無。不爭、不言，不召，繟然，與「無」無異，卻能善勝、善應，自來、善謀。「道法—自然。」老子以為，凡是違反道之原則—自然，自身一定先受害。勇於敢則殺，勇於不敢則活，其故在此。自然的律法，雖然不是立即就有反應，但也不會有疏漏的現象。所以，萬物貴能尊道而循行之。

（三）「勇於敢則殺，勇於不敢則活。」敢與不敢都需要勇氣。「敢」，則爭競逞強，示強之屬。若能力所及，勇於敢是不困難的。「不敢」為示弱之屬，雖然或有謙抑之品質，亦不免遭來譏諷。於是，「不敢者」或不堪取笑，轉而「勇於敢」而受害，或以懦弱自責而疏離社群。所以，「不敢者」尤倍須勇氣，乃能貫徹主張。六十九章曰：「故執兵相加，哀者勝矣。」「哀者」，謂不敢者也。此卽「不敢為天下先，故能成器長」之輩。

第七十四章

民不畏死，奈何以死懼之。若使民常(一)畏死(二)而為奇(三)者，吾得執而殺之，孰敢？

常有司(四)殺者殺。夫代司殺者殺，是謂代大匠斲(五)。夫代大匠斲者，希(六)有不傷其手矣。

【註釋】

(一)常：平時。

(二)畏死：惜生。

(三)奇：詭異亂群。

(四)司：專職。

（五）斲：斫削。

（六）希：少。

二【譯文】

人民不畏懼死亡，怎麼拿死亡來恐嚇他們。假使人民平時珍惜生命，害怕死亡，卻做了詭異亂群之事，我可以逮捕而殺了他，誰敢？平時有專職殺人的負責殺人，故代替專職殺人者殺人，這叫代替專長的匠人斫削。代替專長的匠人斫削，很少不傷到自己的手的。

三【提示】

（一）此章旨在提醒國君，如何用刑才有效。常有司殺者殺，君王宜少動刑，既不合道，又傷國政。

（二）國家政刑的功能，主要是在提供人民一個安身立命的準則，不是用來威嚇人民的。社會安定，衣食滿足的世代，百姓自然會珍愛生命，不會隨便觸犯刑法的，若有爲奇觸犯死罪者，此時執而殺之，才有警世效果。倘若犯死罪者太多，執而不勝執，殺不勝殺時，問題可能不全在百姓身上，君王也有檢討改善執政方式的必要了。否則，「民不畏威，則大威至。」（七十三章文），國家滅亡或不免矣。

（三）「若使民常畏死而爲奇者，吾得而殺之，孰敢？」顯然老子不主張廢棄死罪。但它的前提是，必須先使百姓「常畏死」。「是以聖人之治，虛其心，實其腹，弱其志，強其骨。」（三章文），使營衛都有著落，百姓無虞匱乏，安居樂業，享受生活。此時百姓珍愛生命之不及，何由爲奇犯死之爲。三章曰：「常使民無知無欲，使夫智者不敢爲也。爲無爲，則無不治。」百姓滿足於自己的生活，什麼都不想了。

（四）「常有司殺者殺。」審老子之意，蓋以天下萬物之榮枯盛衰存亡本有定數。凡脫離此定數者，便會在自然之道的運作中被淘汰掉。三十六章曰：「將欲歙之，必固張之；將欲弱之，必固強之；將欲廢之，必固與之；將欲奪之，必固與之。」蓋內中失道，外必有迎合者。故二十三章曰：「同於失者，失亦樂得之。」此卽「常有司殺者殺」之運作法。其絕殺之過程是漸進的，是爲無爲的，是無形無相的。是以謂之「微明。」（三十六章）道之司殺，其用不勤（六章文），不露痕跡；國君常用刑，既勞衆且民怨，既不合道，又失民心。除非不得已，君王不可代司殺者殺，蓋「國之利器不可以示人。」（三十六章文）

第七十五章

民之饑，以其上(一)食稅(二)之多，是以饑；民之難治，以其上之有為(三)，是以難治；民之輕死(四)，以其上求生(五)之厚，是以輕死。

夫唯無以生為(六)者，是賢於貴生(七)。

一【註釋】

(一) 上：謂主政之上位者。

(二) 食稅：供給生活之租稅。

(三) 有爲：指聲教政令。

(四) 輕死：輕易於死，不在乎死事。

（五）求生：謂營求生命之安全。卽希求健康長壽。

（六）無以生爲：「以生」兩字爲「無」之補語。爲：猶營求。無以生爲：謂不因爲個人的生存而營求。

（七）貴生：貴有珍重之義。貴生卽珍重生命、生存。

二【譯文】

人民饑餓，是因爲他們的上位者食稅太多，因此饑餓；人民難以管理，是因爲他們的上位者有作爲，因此難治。人民不在乎死，是因爲他們的上位者，營求生命安全過於豐厚，因此輕死。要知道，只有不營求生命安全的人，比那些珍重生命的人要賢明。

三【提示】

（一）此章旨在說明貴生之不可行。老子以爲上位者貴生之害，遠甚於食稅多、有作爲。當上位者索求無度，最後連人民的生命也奪去了。

（二）上位者食稅多，則民饑；上位者有爲，則民難治。至於上位者，爲了求生之厚，造成人民輕死，此蓋以上位者爲求厚其生，食、衣、住、行、各方面，終必需索無度，以致百姓營收來不及供給給上位者花費。當人民不堪稅賦壓力，又無力反抗時，乃有輕其生者。五十三章曰：「服文綵，帶利劍，厭飲食，財貨有餘，是謂盜夸。」上位者求生之厚，其害更甚於盜夸。盜夸求足於一身而已；求生之厚者，則求滿足生活之所有欲求。當人民連命都放棄，上位者還能向誰索求什麼？七章曰：「外其身而身存。」《論語顏淵篇》曰：「百姓足，君孰與不足；百姓不足，君孰與足？」上位者唯能無私，才能成其私。所以說：「夫唯無以生為者，是賢於貴生。」

第七十六章

人之生也，柔弱，其死也，堅強。萬物(一)草木之生也，柔脆，其死也，枯槁。堅強者，死之徒(二)，柔弱者，生之徒。是以兵強則滅，木強則折(三)；強大處下(四)，柔弱處上(五)。強梁者(六)，不得其死。

【註釋】

(一) 萬物：二字為誤增之字。「草木之生也」與「人之生也」相對為文。

(二) 徒：猶類也。

(三) 兵強則滅，木強則折：王弼原作：「兵強則不勝，木強則兵。」《列子》引文作：「兵強則滅，木強則折。」義較明確，從《列子》。

（四）下：劣勢。

（五）上：優勢。

（六）強梁者：謂堅強，剛暴之人。

二【譯文】

人的生存，是因爲柔軟之故。人的死亡，是因爲堅強之故，草木活下來，是因爲柔脆之故，死了，是因爲枯槁之故。所以，堅強的，是死亡的那一類。柔弱的，是生存的那一類。所以兵力過強，便易被消滅，樹木太過強大，便容易被折損；堅強壯大處於劣勢，柔軟弱小處於優勢。堅強的人，不得好死。

三【提示】

（一）此章謂柔弱勝堅強的道理，並以強梁者，不得其死，警惕世人。

（二）「人之生也，柔弱；其死也，堅強。」容易被人誤作：「人生存時，身體是柔軟的；死時，身體是僵硬的。」然以任何人，包括柔弱者與堅強者，其生死之情形，莫不如是。如此解讀，便無從分別柔弱與堅強之上下矣。而其下文「堅強者，死之徒；柔弱者，生之徒。」亦義無所承，語出突然，不合文律矣。案本章首句原文宜作「人之生也，以柔弱；其死也，以堅強。」謂「人之生存，因柔弱之故；其死亡，因堅強之故。」今省去關係詞「以」字，遂容易造成閱讀上之誤解。（「草木之生也」句同此。）

（三）「強梁者，不得其死。」一句，原置於四十二章，嚴靈峰以爲與該章上下文均不相附，當係該章錯簡。其說甚是，故從之。惟嚴氏將本句移於「木強則折」句下，「強大處下」句上。就本章行文言，不甚妥當。案「兵強則滅，木強則折；強大處下，柔弱處上。」全段行氣，連綿一貫，不宜割裂，此其一。「強大處下，柔弱處上。」語氣有趨弱急下之現象，置於句末作結，似有理氣不足之感。此其二。「強梁者，不得其死」句，語氣堅決，義甚明確，類如典獄判決之文字，而「死」字亦有當頭嚇止之作用，且能與首句「人之生也，柔弱；其死也，堅強。」句相應。以「強梁者，不得其死。」作爲本章之結語，至爲允當。（嚴氏之說，見陳鼓應作《老子今註今譯》）文律類同五十五章之「不道早已。」

第七十七章

天之道（一）其（二）猶張（三）弓與？高者（四）抑（五）之，下者舉之，有餘者損（六）之，不足者補之。天之道，損有餘而補不足；人之道則不然，損不足以奉（七）有餘。孰能有餘以奉天下（八），唯有道者。〔是以聖人為而不恃，功成而不處，其不欲見賢（九）〕

【註釋】

（一）天之道：謂自然法則。

（二）其：殆。爲疑而有定之詞，與蓋義近。猶今語大概。

（三）張：《說文弓部》曰：「張，施弓弦也。」

（四）者：猶則。

（五）抑：壓抑，壓低。

（六）損：減少。

（七）奉：供給。

（八）天下：天下人之省文。

（九）〔是以聖人爲而不恃，功成而不處，其不欲見賢〕：此句和上文文義不相連屬，前人皆疑是錯置重出。從之。

二【譯文】

自然的法則，大概就像施弓弦一樣吧！位置高了，就將它壓低，位置低了，就將它舉高。弦過長了，就減短它，弦不夠長，就補足它。自然的法則，是減少有餘的，而補充不足的。人間的法則便不是這樣，是減損不足夠的，拿來供養有餘的。

誰能夠將多餘的部分，用來侍奉天下人？只有得道的人了。

三【提示】

（一）此章借自然法則，強調均衡之重要。

（二）上位者，於施弓弦時，則知持守適中之天道。至於財富分配，則背棄天之道。偏其一己之私。於是苛征重歛，使貧者愈貧，富者愈富。此種不均衡，不公平之現象，老子謂之爲人之道。因而期待有道者現世，以天之道奉天下人。

（三）「張弓」時「高者抑之，下者舉之；有餘者損之，不足者，補之。」老子用以譬喻「天之道，損有餘而補不足。」一審之文義，似有未盡密合者。蓋施弓弦時，弦爲唯一個體，其高者，下者，有餘者，不足者，皆就此一原有之弦而言，不見有對應之他方。而「天之道，損有餘而補不足。」一是損有餘者，以補不足者。有餘者與不足者，爲對應之兩方，因此，乃有均衡問題待決。其前後義理不相承，取譬固不能相協矣。莫若「張弓」迻作「射」，有鵠爲應，庶幾近似。

（四）古代君王，位高權重，常常藉由苛徵暴斂以滿足其豪奢的生活。君王華麗的外表，建立在百姓的貧窮上。民間的富商，則藉由智巧與資本、賤買、貴賣，掌控民間經濟。於是，富者愈富，貧者愈貧。天之道猶水之往低處流。人世之富足者，則是盡往坑坎中取水。《詩經谷風》曰：「缾之罄矣！維罍之恥。」窮困者的心聲，誰在乎了？經濟愈發達，人世的不均衡愈是顯著。近代因爲政治確定，政商掛勾愈形緊密。富有的國家，靠著船堅砲利，強迫收刮貧窮國家的經濟利益，然後又假借人道援助順勢控制了貧窮國家的政治。雖然天道有「微明」的機制，讓霸權由內部自我失衡而消失，可是，卻常常會有另一個霸權乘機而起。貧窮國家則一直擺脫不了供奉富有國家的差事。

「天之道，損有餘而補不足。」這是均衡平等的觀念。如果把自己的利益擺在第一；把自己國家的利益，擺在第一，不能包容別人，不能包容他國，則人類社會永遠得不到和平。宗教界之間，因爲沒有平等觀，缺乏包容心，於是排斥異教，產生仇恨對抗，反而不利人類社會和協。缺乏平等心，「民主」變成了假面具，而弱勢者則成了強勢者者的傀儡。許多學《老子》者，忽略了財富的倫理在於分享，於是從人性的貪欲面批評老子思想違反人性。這些學者竟然忘記了自己本身也曾經是政治、經濟、戰爭等的受害者。他們評論的立場在哪裡？

大凡有平等心的人，自然不會犧牲他人的利益，以滿足自己；他也能夠包容他人，與他人和平的生活在這個世界上。老子均衡的一元思想，不就是人類永恆的常道嗎？

第七十八章

天下莫柔於水，而攻（一）堅強者莫之能勝。以其（二）無以易之（三）。

弱之勝強，柔之勝剛，天下莫不知，莫能行。

是以聖人云：「受國之垢（四），是謂社稷主（五），受國不詳（六），是為天下主（七）。」

正言若反（八）。

一【註釋】

（一）攻：治也。

（二）以其：其猶此，謂攻堅者，莫之能勝。以其猶謂就（因）這一點。

（三）無以易之：以猶能。易：替換。之：謂水。無以易之：謂無一物能替代水了。

（四）垢：汙穢也，引申作恥辱解。

（五）社稷主：古時稱社稷是指土神和穀神，後來用作國家之代詞。社稷主，謂一國之君主。

（六）不祥：祥，吉利之謂。不祥，謂災禍，災難。

（七）天下王：王者天下所歸往。天下王，謂天子。

（八）正言若反：正面的話，聽起來好像反面的意思。

二【譯文】

天下沒有東西比水更柔弱的了，然而攻治堅強的物質，沒有東西能夠勝過它了。因此，沒有東西能夠替代水了。

所以聖人說：「承受國家的屈辱，這才稱做國君；承受國家的災難，這才稱做天下王。」

正面的言論，聽起來好像是反面的意思。

三【提示】

（一）此章舉水柔弱勝剛強之實例，勉勵有志者，要以水為師，才能眞正成為社稷主或天下王。

（二）是以聖人云：「受國之垢，是謂社稷主；受國不祥，是為天下王。」此一語就旨義言，與水之特質極為近似。八章曰：「水利萬物而不爭，處衆人之所惡，故幾於道。」於是明白，「受國之垢」、「受國不祥」如同水之「處衆人之所惡」，同謂其不爭的特質。由於不爭，是以能「後其身而身先」、「外其身而身存」，終於被擁戴為「社稷主」、「天下王」。就文法言，以此一語做結，無疑更將本章文義推進一層。

（三）「正言若反」句，是讀者針對聖人所說的話，後來加註的文字。蓋「受國之垢」與「受國不祥」，都需要長時間的累積，否則不為功，而且必須得到衆人之肯定，結果才能顯現。五十三章曰：「大道甚夷，而人好徑」。若非強行有志者，能不中道改絃易轍者，甚為少有。所以聖人之言，常人聽來，難免會有欺人之嫌。

第七十九章

和（一）大怨，必有餘怨。〔大小多少，報怨以德〕，安（二）可以為（三）善。

是以聖人執（四）左契（五），而不責（六）於人。有德司契，無德司徹（七）。

天道無親（八），常與（九）善人。

一【註釋】

（一）和：調和，和解。

（二）安：焉，那裡。

（三）爲：猶謂。

（四）執：掌握，保存。

（五）左契：《說文大部》曰：「契，大約也。」謂重要之約束。契，分左右，債務人持左契；債權人，持右契，如後世之借據。

（六）責：求債。

（七）徹：同代賦法之名。什一而稅之徹。

（八）無親：無親密者。

（九）與：相與，交好。

二【譯文】

和解大怨，必定還有未了的怨。大小多少的怨，用德來回報，那裏可以說是妥善的辦法呢？

所以，聖人保存債務人的左契，而不會求債於他人。有德的人，會像握左契者之寬容；無德的人，好比執掌收稅者之嚴苛。

天道無所謂親密者，經常交好善人。

三【提示】

（一）此章謂以德報怨不是好辦法，不結怨才是最好的辦法。這種善人，符合自然之道。

（二）「大小多少，報怨以德。」爲「以德報大小多少之怨。」句，將限制詞，「大小多少」提前於句首，作爲補充語之句型，旨在強調「大小多少」之一致性。蓋以結怨當下受到的傷痛，不論大小多少，都不易忘記。此八字原爲六十三章錯簡，移至本章，置於「必有餘怨」下，「安可以爲善」上。如此「和」字之義，於是有所本，整節文意亦貫通可讀。

（三）既知以德報不了怨，所以聖人在處事上便以不結怨爲原則。左契原本爲債務人持有，當債務在約定期限完全結清，債務人便可持左契向債權人換取右契，以示終結債務。如今聖人執左契，便有寬限債務期限之意，自然不會有民怨。凡是理解自然之道者，作法都是如此，不能理解自然之道者，才會像稅務員，不停的追討欠稅。

（四）「和大怨，必有餘怨。大小多少，報怨以德，安可以爲善。」此一段文字，旨在提醒君王，可以避免積怨於民，則宜避免之。於是以「聖人執左契，不責於人」爲喻，說明君民在利害相接之際，君王唯有處於有德一方行事，是以怨是用希。若是無意中積怨於民，卽使免不了有餘怨，還是要以德來報怨。由「安可以爲善」句，知老子並未全然否定「以德報怨」之必要。

（五）「無親」和五章之「不仁」義同，不親密之謂。蓋平等對待個別萬物，所以無所親，此卽自然之道。善人者，行自然之道，和同百姓，不結怨於人，常與天道相合，得保安泰。天道無親，雖然，人固可以親之，此則「天道常與善人」之故耳。

第八十章

小國寡民，使有什伯之器(一)而不用，使民重死(二)而不遠徙。雖有舟輿，無所乘之(三)；雖有甲兵，無所陳(四)之。使民復結繩而用之(五)。甘其(六)食，美其服，安其居，樂其俗。鄰國相望(七)，雞犬之聲相聞，民至老死，不相往來。

一【註釋】

(一) 什伯之器：指兵卒戰時共同生活之器物，諸如帳幃什物，共伙之器具。

(二) 重死：不輕其死，謂愛惜生命。

（三）乘之：乘舟輿。之：指事詞，指舟輿。

（四）陳：陳列，展示。

（五）而用之：而：故。用：《說文用部》曰：「用，可施行也。」引申作施行。之：指事詞，指上文「使有什伯之器而不用；使民衆死而不遠徙。」

（六）其：自己。

（七）望：向遠看。

二【譯文】

國土小，人民少，這樣的國家，使得它有兵卒戰時共同生活之器物，卻用不到它；使得人民愛惜生命，便不會往遠方遷徙。雖然有舟船車輛交通工具，沒有什麼地方想要搭乘前往的。雖然有鎧甲兵器，沒有機會展示陳列它。使得人民回復結繩時代的那種生活觀，而施行它。

認爲自己的食物最甘美，認爲自己的服飾最美觀，認爲自己的居處最安適，認爲自己的習俗最樂趣。鄰國遠遠的可以互相看得到，雞犬的叫聲彼此聽得到，人民活到老死，不相往來。

三【提示】

（一）此章老子舉「小國寡民」之例，說明「無為而治」之可行性。

（二）本章所謂之「小國寡民」，只能視為老子之行政區劃。按老子亦是一統天下之思維者。二十八章曰：「樸散則為器，聖人用之，則為官長，故大制不割。」大制不割，便有統一之義。至如二十九章曰：「將欲取天下而為之。」四十九章曰：「為天下渾其心。」五十七章曰：「以無事取天下。」六十章曰：「以道莅天下。」在在俱言以天下為轄境。可知老子之理想，是建構以聖人為天下之共主，而行其無為之政。否則，單以聖人養成之不易，何足以塡補衆多小國君主之職缺？固知「小國寡民」非老子之終極理想。

（三）「什伯之器」，俞樾說：「乃兵器也。」此說與下文「雖有甲兵，無所陳之。」文義重複，疑非是。按《漢書平帝紀》曰：「天下吏舍，亡得置什器儲偫。」師古曰：「軍法，五人為伍，二伍為什，則共其器物，故通謂生生之具為什器，亦猶今之從軍及作役者，十人為伙，共畜調度也。」是以什伯之器，當是泛指兵卒戰時共同生活之所有器物，諸如帳幃什物，共伙之器具等是。此類公家器物，多由行政單位置備，收藏於公府倉庫中。故本章行文，置「什伯之器」於小國寡民之下，且不曰「使民」兩字可知矣。和平之世，無須徵集壯丁入軍，兵卒共生之器物，雖有而不用；而個兵使用之甲兵，固亦無所陳矣。

（四）「使民復結繩而用之」，是句省去主語「國君」，以目的關係構成之複句，作爲「使有什伯之器而不用；使民重死而不遠徙。雖有舟輿，無所乘之；雖有甲兵，無所陳之。」一節文義之結語。致使繁句「使民復結繩」是詞結「用之」之目的。說明施行上述所有舉措，卽在使民回復結繩時代的那種生活態度。然則老子是否反對文字，主張回復到原始的社會？殆也未必。就《老子》內容推之，老子大概生於周之禮樂儒教完備之後，時大篆業已通行於世數百年矣。六十四章：「爲之於未有，治之於未亂。」如今，卻思欲放棄使用數百年既方便又精確之文字，而代之以簡陋之結繩以記事，其容易乎？恐怕也有違「聖人處無爲之事」（二章）之要旨。再者，所謂的結繩記事早已失傳，老子本人也許都不清楚，如之何可據之以爲施政之用？老子非復古可以知之矣，然則，老子「復結繩」之義又何所指？老子曰：「甘其食，美其服，安其居，樂其俗。鄰國相望，雞犬之聲相聞，民至老死不相往來。」由是觀之，老子似乎已將「結繩」作爲「知足」之代語了。此與三章之義理又有相契合者。三章曰：「常使民無知無欲。」蓋知足之人，無所求，外人根本無從憭解他有什麼知，有什麼欲了。所以，社會的安定，無關乎文字，關乎民心之純樸與否而已。

第八十一章

信言（一）不美，美言（二）不信。善者（三）不辯，辯者（四）不善。知者（五）不博（六），博者不知。

聖人不積（七），既以（八）為人（九），己愈有；既以與（十）人，己愈多。天之道（十一），利而不害；聖人之道，為（十二）而不爭。

一【註釋】

（一）信言：誠信，眞實的言論。

（二）美言：華麗的言論。

（三）善者：完善的言論。

（四）辯：用文字，言語來辯護。

（五）知者：心裡明白，淸楚識別的人。

（六）博：廣。

（七）積：謂貨力的積藏推聚。

（八）以：能。以與能古通用。同《孟子萬章》「一介不以與人；一介不以取諸人。」

（九）爲人：爲猶助。爲人，助人。

（十）與：施，給。

（十一）道：法則。

（十二）爲：作爲。

二【譯文】

誠信的言論不華麗；華麗的言論不誠信。完善的理論，不需辯護；需辯護的理論，是不完善的。眞知的知識不廣博；廣博的知識不能眞知。聖人不會私下積藏財貨能力；既能幫助人，自己愈是有能力；既能施與人，自己獲得愈多。天的法則是利益萬物，而且不會傷害萬物；聖人的原則是有作爲，卻不會爭奪。

三【提示】

（一）此章爲老子對自己之言論所下的評論，並鼓勵人君行聖人之治道。

（二）「信言不美」，「善者不辯」，「知者不博」，老子之言也誠懇，意有所待也。然而，自春秋以降，列國君主皆以國富兵強爲務，法家思想成爲一時之顯學，老子之學說殆無立足之地。大概亂世當道，國家力圖自強，爲無爲之治術，缺乏積極之領導，緩不濟急。所以老子思想，在治術上，常被視爲聊備一說而已。

（三）「知者不博」——《老子》一書著作之重心，在於系統化的闡述宇宙論。其書分章論述，而各成旨要。或論述道體之特徵，而總之曰：「玄之又玄，衆妙之門。」（一章）或論述道體演化之次第，謂「萬物生於有，有生於無。」（四十章）又曰：「樸散則爲器，聖人用之，則爲官長。」（二十八章）或論述道體與萬物之關係，以爲「反者道之動。」於是「夫物芸芸，各復歸其根。」（十六章）以爲「弱者道之用。」於是「爲無爲，而無不治。」（三章）而此「反」與「弱」之運作，正是「道法自然」之本義。宇宙萬有，藉由「自然」之運作，遂統合於道，而能「大制不割。」老子宇宙論之系統，於是乎完成。全書去此宇宙論之論述，一般著作旁徵博引之情形，不見於書中。此即老子「知者不博」之義。

參考書目

《周易》
《周易註》
《尚書》
《尚書註》
《逸周書》
《詩經》
《論語》
《孟子》
《孟子註》
《毛詩箋》 鄭玄
《毛詩正義》 孔穎達

《大戴禮記》
《大戴禮記註》
《禮記》
《禮記註》 鄭玄
《禮記疏》
《周禮註》 鄭玄
《儀禮註》 鄭玄
《儀禮疏》 鄭玄
《穀梁傳》
《呂氏春秋》
《戰國策》
《爾雅》
《釋名》 劉熙
《風俗通》 應劭

《廣雅》　張揖
《玉篇》　顧野王
《經典釋文》　陸德明
《集韻》　丁度
《正字通》　張自烈
《史記》
《漢書》
《漢書註》　顧師古
《後漢書》
《後漢書註》　劉祐
《莊子》
《莊子疏》
《荀子》
《荀子註》　楊倞

《韓非子》

《淮南子》

《淮南子註》 高誘

《文子》

《楚辭》

《楚辭註》 主逸

《孔子家語註》 王肅

《列子》

《列子註》 張處度

《說文》

《說文解字註》 段玉裁

《文選》

《文選註》 李善，呂向，薛綜

《經籍纂詁》 阮元

《說文通訓定聲》 朱駿聲

《讀書雜誌》 王念孫

《經傳釋詞》 王引之

《古籀彙編》 商務

《老子註》 河上公

《老子道德經註》 王弼

《郭店楚簡老子甲》

《帛書老子乙本》

《碑文老子》

《老子本義》 魏源

《評點老子道德經》 嚴復

《老子的智慧》 林語堂

《老子解義》 吳怡

《新譯老子讀本》 余培林

《老子今註今譯》 陳鼓應
《中國文法講話》 許世瑛
《常用虛字用法淺釋》 許世瑛
《修辭學析論》 董季棠
《樂府詩選註》 張慕蘭
《先秦諸子繫年》 錢穆
《儒道之間》 王邦雄
《比較哲學與文化》 吳森

老子 無的哲學／許占鰲著. --初版.--臺中市：白象文化事業有限公司，2022.11

面； 公分

ISBN 978-626-7151-65-5（平裝）

1.CST: 老子 2.CST: 注釋

121.311 111009948

老子 無的哲學

作　　者　許占鰲

校　　對　許占鰲

發 行 人　張輝潭

出版發行　白象文化事業有限公司

412台中市大里區科技路1號8樓之2（台中軟體園區）

出版專線：（04）2496-5995　傳真：（04）2496-9901

401台中市東區和平街228巷44號（經銷部）

購書專線：（04）2220-8589　傳真：（04）2220-8505

專案主編　李婕

出版編印　林榮威、陳逸儒、黃麗穎、水邊、陳媁婷、李婕

設計創意　張禮南、何佳諠

經紀企劃　張輝潭、徐錦淳、廖書湘

經銷推廣　李莉吟、莊博亞、劉育姍、林政泓

行銷宣傳　黃姿虹、沈若瑜

營運管理　林金郎、曾千熏

印　　刷　基盛印刷工場

初版一刷　2022年11月

定　　價　250元